www.ingramcontent.com/pod-product-compliance
Lightning Source LLC
Chambersburg PA
CBHW041351050726

47599CB00016B/1850

كلماتي الأولى

المستوى الأول

متجرنا /https://tanweenedu.com

تواصل معنا tanween2022.com

تصميم : منال يوسف

قائمة المحتويات

مقدمة

هذا الكتاب الأول من سلسلةِ كُتُبِ تَنمية المَهارات اللُّغوية للطلبة المبتدئين المعدل بناء على المناهج الجديدة للتربية والتعليم ٢٠١٦ - ٢٠١٧، جاء تلْبية للحاجات الملحّة لمعلميهم ولأولياء أمورهم، لتساعدهم على تحقيق المهارات اللّغوية التي تُعدّ المنطلق لإتقان أنواع المعرفة المختلفة، إذ يصعب على التلميذ أن يحقق تقدمًا في أيّ مجال من مجالات المعرفة، دون إتقان اللّغة قراءةً وكتابةً وتعبيرًا.

ونأمل أن يُغطّي هذا الكتاب حاجات أولياء الأمور في التفاعل مع أبنائهم، حين يجلسون معا لحل التدريبات اللغوية المختلفة التي اتسمت بالسهولة والتّنوع وابتعدت عن النّمطيّة، فجاءت على شكل أحاجي وألعاب ومربّعات وتدريبات، تساعد الطّفل على التفكير، وتبعد عنه المَلل وتدعم توجّهات أولياء الأمور الخّاصة والمعلمين كافّة في حثّ الطفل على التعليم والمشاركة فيه،وترغّبه في الإقبال على التّدريبات التي جاءت على شكل ألعاب تربوية فيها الكثير من المرح. فهو تارة يغنّي للكلمات، أو يصفق للحروف، أو يلعب مع زملائه بالكلمة والحرف و الجملة تارةً أخرى،فتثير فيه الرّغبة وتجعله محبًّا للقراءة والكتابة والتعبير.

ولعل أهم ما هدفت إليها تدريبات هذا الكتاب التّغلب على الصّعوبات، التي يلاقيها الطّفل في قراءة كلمات لم يتعرف إلى كلّ حروفها، أو قراءة جمل لم يتعرف إلى كلّ كلماتها،فيعمد بعضُهم إلى حفظ الكلمات والجمل حفظا آليا، فلا يستطيع بعضهم قراءة الكلمة أو الجملة بعيدًا عن الصّورة، فأُعدّت تدريبات لشكيل كلمات جديدة من الحروف تمّ تعلّمها والتّعرّف إليها، ليشكل من مجموعة الكلمات جملا، و من مجموعة الجمل حكايات وقصصًا يقرؤها الطّفل، ويطمئنّ المعلّم أو المعلّمة والوالدان أن الطفل لا يقوم بحفظ كلمات الدّرس وجمله حفظا آليًّا، إذ أصبح بمثل هذه التّدريبات قادرًا على القراءة دون الاعتماد على الصّورة المُعبّرة عن الكلمة أو الجملة. وهكذا يمكن المعلم أو وليّ الأمر الطّفل أن يشعر بالرّاحة أكثر، فها هو الطّفلُ يستطيعُ أن يقرأ فقرات طويلة. ويشكّل منها حكايات وقصصًا يفرح بها، فتزداد ثقته بنفسه، فَيقبل على التّعلم مُشاركًا لا مُستقبلًا، محبًّا لا مُبْغِضًا.

ولأنّ هذا الكتاب، يفترض أنّ معلّمي الطّلبة المبتدئين قد قاموا بجهدهم في تدريس كتبهم، جملًا ومفردات وحروفًا، فإن هذا الكتاب قد بدأ من حيث انتهت الكتبُ المُقرّرة المفروضة، فيبدأ دروسه بالتدريبات التطبيقية. وجعل عناوين دروسه الحروف التي تشكّل واحدًا من أهم أهداف الدّرس.

إنّ هذا الجهد مع ما بذل فيه، يبقى جهدًا متواضعا، نتمنّى أن يكون فيه العون للمعلمين وأولياءالأمور. وأن يقوموا هم أيضًا بالزّيادة عليه، فثقتنا بإخلاصهم وبِقُدرتهم كبيرة.

والله المَوفّق.......

المهارات السَّمعيَّة والبصريَّة والعضليَّة

حَرْفُ الْأَلِف

أَوَّلًا: التَّذَكُّرُ الصَّوتِيّ:

1 أُصْغي إلى الْكَلِماتِ الّتي يَلْفِظُها الْمُعَلِّمُ وَأُصَفِّقُ عِنْدَ سَماعي صَوْتَ الْحَرْفِ (ا/ ى):

أَبي	رامي	أُسْرَتي	أَنا
سَلْوى	أُمّي	أُخْتي	عامِرٌ
أَخي	فادي	جَدّي	
مَزْرَعَةِ	في	سَلْمى	

| رامي | حَلْوى | ماما | بابا |

| فادي | سَلْمى | سَلْوى | عامِرٌ |

2 أَذْكُرُ أَسْماءَ الصُّوَرِ الآتِيَةِ وَأَرْسُمُ وَجْهاً باسِماً عِنْدَما أَمُدُّ الْحَرْفَ (ا/ ى):

3 أَحاجي وَأَلْغاز: أَسْتَمِعُ إلى مُعَلِّمي....وَأَحْزِرُ:-

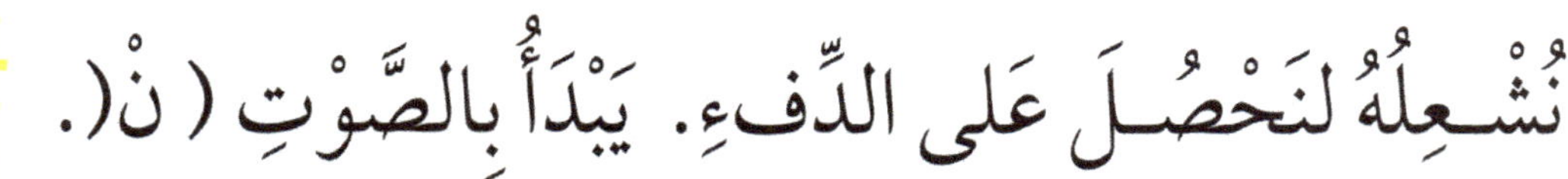

نُشْعِلُهُ لِنَحْصُلَ عَلى الدِّفءِ. يَبْدَأُ بِالصَّوْتِ (نْ).

نُغْلِقُهُ عِنْدَما نَخْرُجُ مِنَ الدَّار. يَبْدَأُ بِالصَّوْتِ (بْ).

نَسْكُنُ فيهِ. يَبْدَأُ بِالصَّوْتِ (دْ)

1 أُمَيِّزُ شَكْلَ الْحَرْفِ (ا/ ى)، أَنْظُرُ جَيِّدًا لِأَتَعَرَّفَ إِلَيْهِ :

نـارٌ ا   دارٌ ا   حَلْوى ى

2 أَسْتَمِعُ إِلَى الْكَلِماتِ الْآتِيَةِ، ثُمَّ أَضَعُ دائِرَةً حَوْلَ الْحَرْفِ (ا) :

بابا   ماما   حَلْوى   رامي

عامِر   سَلْوى   سَلْمى   فادي

1 أَكْتُبُ الْحَرْفَ (ا، ى) بِخَطٍّ جَمِيلٍ مُرَتَّبٍ عَلَى السَّطْرِ :

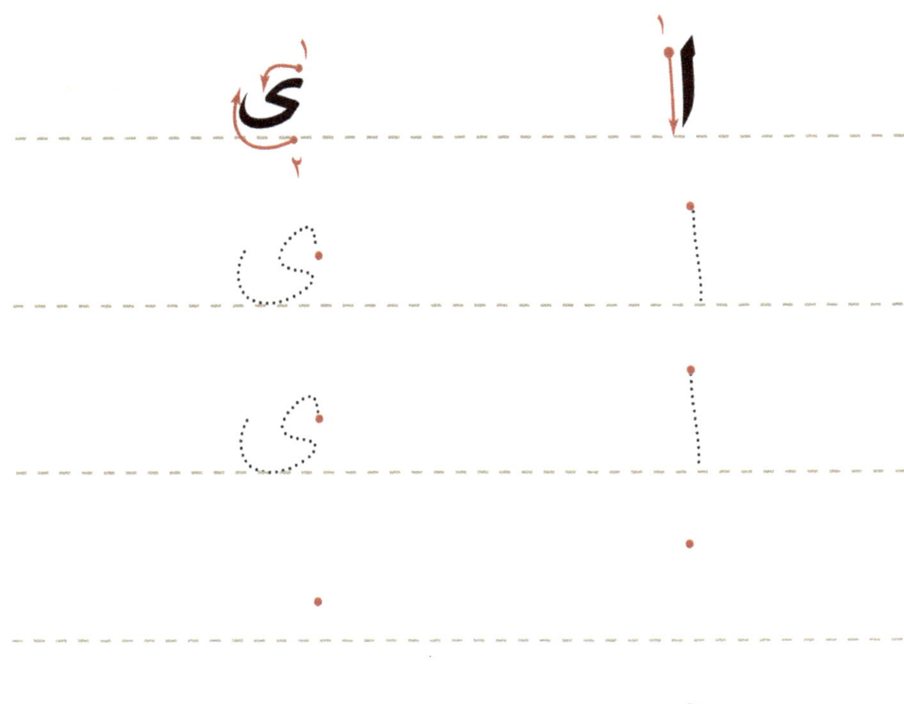

2 أَنْظُرُ إِلَى الصُّورَةِ، ثُمَّ أَنْطِقُ اسْمَ الصُّورَةِ وَأَكْتُبُ (ا / ى) فِي الْفَرَاغِ :

تَناوَلْنـ.. الْحَلْو..   مامـ.. سَلْو..   بابـ.. عـ..مِرُّ   أَنـ.. رامِيَّ

حَرْفُ الْواو

أَوَّلًا: التَّذَكُّرُ الصَّوْتِيّ:

1 أُصغي إلى الْكَلِماتِ الَّتي يَلْفِظُها الْمُعَلِّمُ وَأُصَفِّقُ عِنْدَ سَماعي صَوْتَ الْحَرْفِ (و).

وَليدٌ	نورٌ	شَراب	سورٌ	توتٌ	خَروفٌ	الْمَزْرَعَةُ

2 أَذْكُرُ أَسْماءَ الصُّوَرِ الآتيةِ وَأَمُدُّ الْحَرْفَ (و):

سوسٌ

خَروفٌ

سورٌ

مَسْرورٌ

توتٌ

أَذْكُرُ أَسْمَاءَ الصُّوَرِ الآتِيَةِ وَأُلاحِظُ كَيْفَ اخْتَلَفَ صَوْتُ الْحَرْفِ (و):

والِدي

لَوْزٌ

سَلْوى

وَليدٌ

وِدادُ

4

أَذْكُرُ أَسْمَاءَ الصُّوَرِ الآتِيَةِ وَأَرْسُمُ وَجْهًا باسِمًا
عِنْدَما أَمُدُّ الْحَرْفَ (و):

والِدي

مَسْرورٌ

سوسٌ

وِدادُ

لَوْزٌ

5 أَحاجي وَأَلْغاز: أَسْتَمِعُ إلى مُعَـلِّمي....وَأَحْزِرُ:-

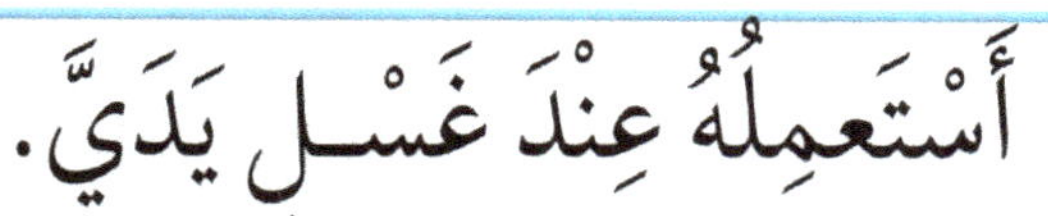

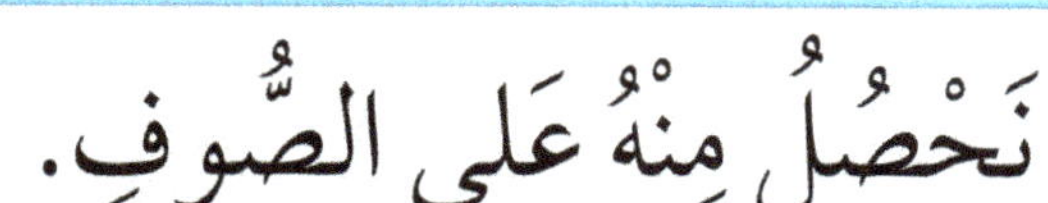

ثانِيًا : التَّذَكُّرُ الْبَصَرِيُّ

1 أُمَيِّزُ شَكْلَ الْحَرْفِ (و)، أَنْظُرُ جَيِّدًا لِأَتَعَرَّفَ إِليهِ:

و | توت | و | والِدي

2 أَسْتَمِعُ إِلى الْكَلِماتِ الآتِيَةِ، ثُمَّ أَضَعُ دائِرَةً حَوْلَ الْحَرْفِ (و):-

والِدي   وَليدٌ   مَسْرورٌ   سَلْوى

وِدادُ   لَوْزٌ   سوسٌ

1 أَكْتُبُ الْحَرْفَ (و) بِخَطٍّ جَمِيلٍ مُرَتَّبٍ عَلَى السَّطْرِ :-

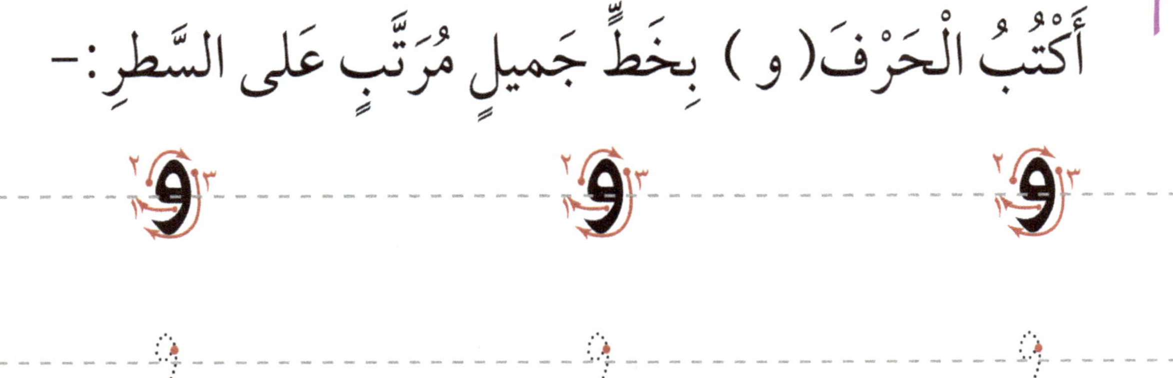

2 أَنْظُرُ إِلَى الصُّورَةِ، ثُمَّ أَنْطِقُ اسْمَ الصُّورَةِ وَأَكْتُبُ الْحَرْفَ (و) فِي الْفَرَاغِ :

مَسْر..رُ   خَرُ..فٌ   تُ..تٌ   سُ..سٌ   سِ..رُ

أَكْتُبُ حَرْفَ (و) تَحْتَ الصُّورَةِ إِذا كانَ اسْمُ الصُّورَةِ يَحْتَوِي عَلى صَوْتِ الْحَرْفِ:

أَوَّلًا: التَّذَكُّرُ الصَّوْتِيّ:

1 أُصْغي إِلى الْكَلِماتِ وَأُصَفِّقُ عِندَ سَماعِ صَوْتِ الْحرف (ي).

تينٍ	شَجَرَةُ	زَيْتونٍ	فادي	يَلْعَبُ	الْكُرَةِ

رامي	والِدَي	يُنادي	عَبيرُ	الْأُسْرَةُ	فَطيرَةَ	زَيْتِ

2 أَذْكُرُ أَسْماءَ الصُّوَرِ الآتِيَةِ وَأَمُدُّ الْحَرْف (ي):

الْحُديقةِ

جَدّي

جَدَّتي

أُسْرَتي

عَبيرُ

فادي

رامي

تينٌ

3

أَذْكُرُ أَسْماءَ الصُّوَرِ الآتِيةِ وأُمَيِّزُ كَيْفَ اخْتَلَفَ صَوْتُ الْحَرْفِ (ي):

يَدٌ

زَيْتٍ

زَيْتونٍ

الْبَيْتُ

يَلْعَبُ

4

أَذْكُرُ أَسْماءَ الصُّوَرِ الآتِيةِ وَأَرْسُمُ وَجْهاً باسِماً عِنْدَما أَمُدُّ الْحَرْفَ (ي):

زَيْتٍ

عَبيرُ

فادي

زَيْتونٍ

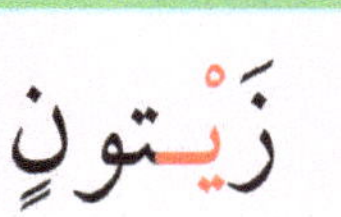

رامي

5 - أَحاجي وَأَلْغازُ: أَسْتَمِعُ إِلى مُعَلِّمي....وَأَحْزُرُ؟

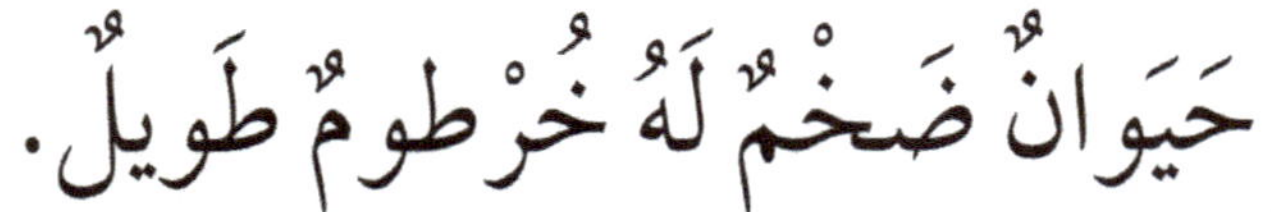

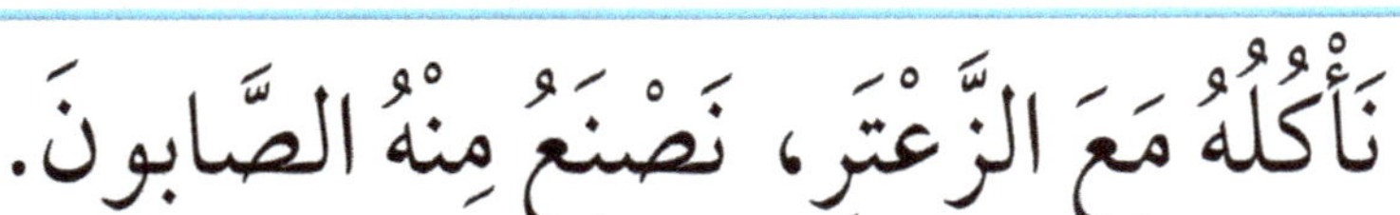

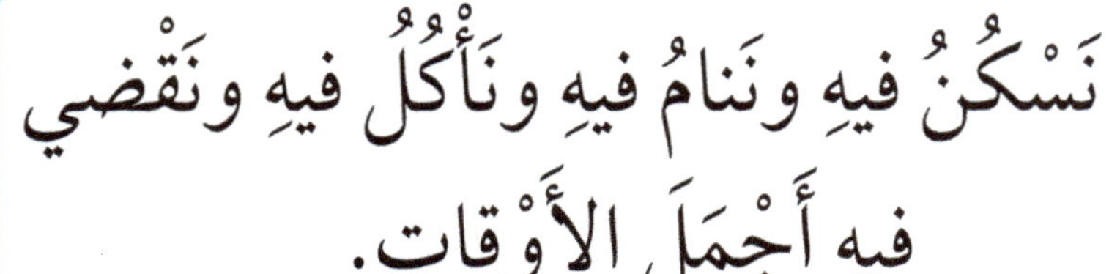

ثانِيًا : التَّذَكُّرُ الْبَصَريّ

1 - أُمَيِّزُ شَكْلَ الْحَرْفِ (ي)، أَنْظُرُ جَيِّدًا لِأَتَعَرَّفَ إِلَيْهِ :

2 - أَسْتَمِعُ إِلى الْكَلِماتِ الآتِيَةِ، ثُمَّ أَضَعُ دائِرَةً حَوْلَ الْحَرْفِ (ي) بِأَشْكالِهِ الْمُخْتَلِفَةِ :

أُسْرَتي   جَدَّتي   جَدّي   جَميلٌ   في   الْحَديقَةِ   جَميلَةٌ

12

1 أَكْتُبُ الْحَرْفَ(ي) بِخَطٍّ جَميلٍ مُرَتَّبٍ عَلَى السَّطْرِ :

بي   يو   يا   ي   ـي

2 أَكْتُبُ حَرْفَ (ي) تَحْتَ الصُّورَةِ إِذا كانَ اسْمُ الصُّورَةِ يَحْتَوي عَلى صَوْتِ الْحَرْفِ :

13

حرف الباء

أَوَّلًا: التَّذَكُّرُ الصَّوتي

1 أُصْغي إِلى الْكَلِماتِ الَّتي يَلْفِظُها الْمُعَلِّمُ وَأُصَفِّقُ عِنْدَ سَماعي صَوْتَ الْحَرْفِ (ب):

سامي	عَبيرٌ	ماما	بَيْتي	بابٌ
مُعَلِّمَتي	حازِمٌ	باسِمٌ	أُحِبُّ	بابا

2 أَذْكُرُ أَسْماءَ الصُّوَرِ الآتِيَةِ وَأَرْسُمُ وَجْهاً باسِماً عِنْدَما أَنْطِقُ صَوْتَ الْحَرْفِ (ب):

أُسْرَتي

عَبيرٌ

بَيْتٌ

باسِمٌ

مَدْرَسَتي

بابٌ

3 أَحاجِي وَأَلْغاز: أَسْتَمِعُ إلى مُعَلِّمي....وَأَحْزِرُ ؟؟

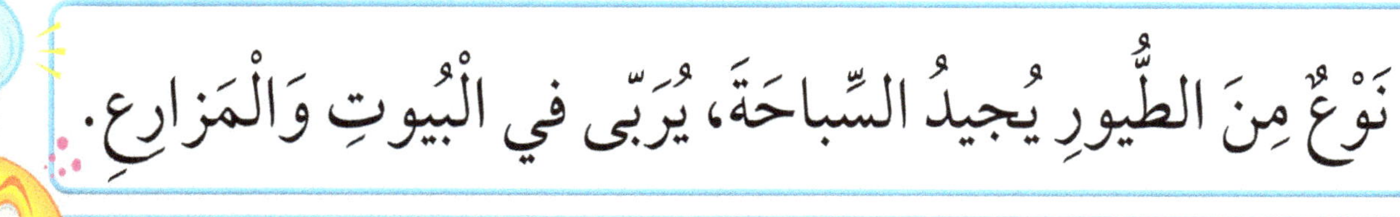

نَوْعٌ مِنَ الطُّيورِ يُجيدُ السِّباحَةَ، يُرَبّى في الْبُيوتِ وَالْمَزارِعِ.

نَباتٌ عُشْبِيٌّ أَخْضَرُ اللَّوْنِ، يُضافُ إلى السَّلَطَةِ.

ثَمَرَةٌ مِنَ الْخُضارِ، دائِرِيَّةُ الشَّكْلِ، لَوْنُها أَبْيَضُ. تُطْبَخُ مَسْلوقَةً أو مَقْلِيَّةً.

ثانِيًا : التَّذَكُّرُ الْبَصَرِيُّ

1 أُمَيِّزُ شَكْلَ الْحَرْفِ (ب)، أَنْظُرُ جَيِّدًا لِأَتَعَرَّفَ إلَيْهِ :

2 أَسْتَمِعُ إلى الْكَلِماتِ الآتِيَةِ، ثُمَّ أَضَعُ دائِرَةً حَوْلَ الْحَرْفِ (ب) بِأَشْكالِهِ الْمُخْتَلِفَةِ :

باسِمٌ   بَيْتي   عَبيرُ   سَبّورَةٌ   كِتابٌ   أُحِبُّ

1

أَكْتُبُ الْحَرْفَ (ب) بِخَطٍّ جَميلٍ مُرَتَّبٍ عَلَى السَّطْرِ :

ب   ب   با   بو   بي

2 أَنْظُرُ، ثُمَّ أَنْطِقُ اسْمَ الصُّورَةِ وَأَكْتُبُ الْحَرْفَ (ب) في الْفَراغِ :

..ْنتُ

كِتا...ٌ

أَكْتـ...ُ

...ـَيْتي

حَليـ...ٌ

3 أُعيدُ كِتابَةَ الْمَقْطعِ الْمُلَوَّنِ في الْجَدْوَلِ، وأَلْفُظُ :

بابٌ   حُبوبٌ   بيْرٌ

حرف السين

أَوَّلًا: التَّذَكُّرُ الصَّوْتي :

1 أُصْغي إِلى الْكَلِماتِ الَّتي يَلْفِظُها الْمُعَلِّمُ وَأُصَفِّقُ عِنْدَ سَماعي صَوْتَ الْحَرْفِ (س).

سامِرٌ   سامي   مَدْرَسَتي   باسِمٌ

رامي   مُعَلِّمَتي   بَيْتي

2 أَذْكُرُ أَسْماءَ الصُّوَرِ الآتيةِ وَأَرْسُمُ وَجْهاً باسِماً عِنْدَما أَنْطِقُ صَوْتِ الْحَرْفِ (س):

مَدْرَسَتي

سوسٌ

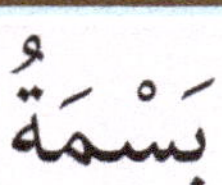

بَسْمَةُ

مَكْتَبَةٌ

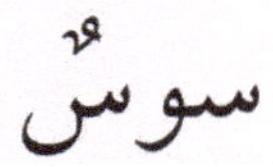

سامي   سامِرٌ   باسِمٌ   أَصْدِقائي

3 أَحاجي وَأَلْغاز: أَسْتَمِعُ إلى مُعَلِّمي....وَأَحْزِرُ.

اسْمُ يَوْمٍ مِنْ أَيّامِ الأُسبوعِ. يَبْدَأُ بِالصَّوْتِ (سْ).

اسْمُ شَخْصٍ يَتَكَوَّنُ مِنْ ثَلاثَةِ حُروفٍ. يَبْدَأُ بِالصَّوْتِ (سْ).

الَّذي يَرْسُمُ لَوْحاتٍ جَميلَةً وَالصَّوْتُ الثَّاني مِنْ اسْمِهِ (سْ).

1 أُمَيِّزُ شَكْلَ الْحَرْفِ (س)، أَنْظُرُ جَيِّدًا لِأَتَعَرَّفَ إِلَيْهِ :

سامي

ـس

سوس س

2 أَسْتَمِعُ إلى الْكَلِماتِ الآتِيَةِ، ثُمَّ أَضَعُ دائِرَةً حَوْلَ الْحَرْفِ (س):

سامي سامِرٌ باسِم بَسْمَةٌ مَدْرَسَتي سوسٌ

3 أَضَعُ دائِرَةً حَوْلَ الْكَلِمَةِ الْمُخالِفَة :

سامي سامي شامي سامي

4 أَقْرَأُ الْكَلِماتِ الآتِيَةَ و أَرْسُمُ دائِرَةً حَوْلَ الْكَلِمَةِ الَّتي يَبْدَأُ اسْمُها بِصَوْتِ الْحَرْفِ(س)،ومُثَلَّثاً حَوْلَ الْكَلِمَةِ الَّتي تَنْتَهي بِصَوْتِ الْحَرْفِ(س).

باسِمٌ	فَرَسٌ	أُسْرَتي	ساوى
واسى	سَبَبٌ	سامي	فارِسٌ

7 أَكْتُبُ الْحَرْفَ(س) بِخَطٍّ جَميلٍ مُرَتَّبٍ عَلَى السَّطرِ :-

2

أُعِيدُ كِتَابَةَ الْمَقْطَعِ الْمُلَوَّنِ فِي الْجَدْوَلِ، وَأَلْفِظُ :

سَامِي   سُوسٌ   رَاسِي

3

أَنْظُرُ، ثُمَّ أَنْطِقُ اسْمَ الصُّورَةِ وَأَكْتُبُ الْحَرْفَ (س) فِي الْفَرَاغِ :

مَدْرَ...َتِي   ...وسٌ   فَرَ...ٌ   بَا...ِمٌ

الحرف الميم

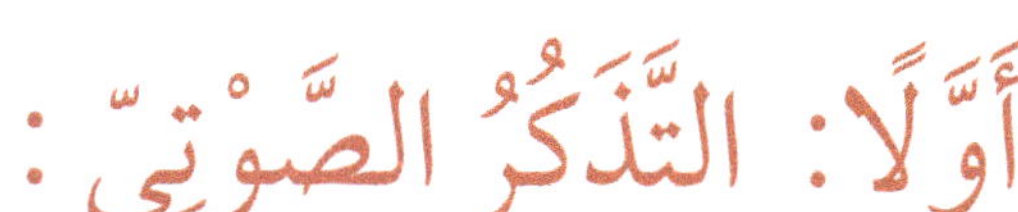

1 أُصْغِي إِلى الْكَلِماتِ الَّتي يَنْطِقُها الْمُعَلِّمُ وَأُصَفِّقُ عِنْدَ سَماعي صَوْتَ الْحَرْفِ (م).

باسِمٌ   رامي   سامي   أَنا   سَلْمى   عَبيرُ

2 أَذْكُرُ أَسْماءَ الصُّوَرِ الآتِيَةِ وَأَرْسُمُ وَجْهاً باسِماً عِنْدَما أَنْطِقُ صَوْتَ الْحَرْفِ (م):

ليمونٌ   ماما   سوسٌ   مُعَلِّمَتي   مَدْرَسَتي

3 أَحاجي وَأَلْغاز: أَسْتَمِعُ إِلى مُعَلِّمي...وَأَحْزُرُ؟

🌸 اسْمُ مَكانٍ نَلْعَبُ فيهِ كُرَةَ الْقَدَمِ.

🌸 اسْمُ حَيَوانٍ لَهُ سَنامٌ، يُسَمّى سَفينَةَ الصَّحْراءِ.

🌸 يَظْهَرُ في السَّماءِ لَيْلاً، يُنيرُ لَنا الطَّريقَ.

ثانِيًا : التَّذَكُّرُ الْبَصَرِيُّ

1 أُمَيِّزُ شَكْلَ الْحَرْفِ (م)، أَنْظُرُ جَيِّدًا لِأَتَعَرَّفَ إِلَيْهِ :

2 أَسْتَمِعُ إِلى الْكَلِماتِ الآتِيَةِ، ثُمَّ أَضَعُ دائِرَةً حَوْلَ الْحَرْفِ (م) بِأَشْكالِهِ الْمُخْتَلِفَةِ :

مَكْتَبَةٌ	مُعَلِّمَتي	مَدْرَسَتي	ماما
سامي	سامِرٌ	باسِمٌ	رامي

أَسْتَمِعُ إِلَى الْكَلِمَاتِ الْآتِيَةِ، أَرْسُمُ دائِرَةً حَوْلَ الْكَلِمَةِ الَّتِي يَبْدَأُ اسْمُها بِصَوْتِ الْحَرْفِ (م)، وَأَرْسُمُ مُثَلَّثاً حَوْلَ الْكَلِمَةِ الَّتِي تَنْتَهِي بِصَوْتِ الْحَرْفِ (م).

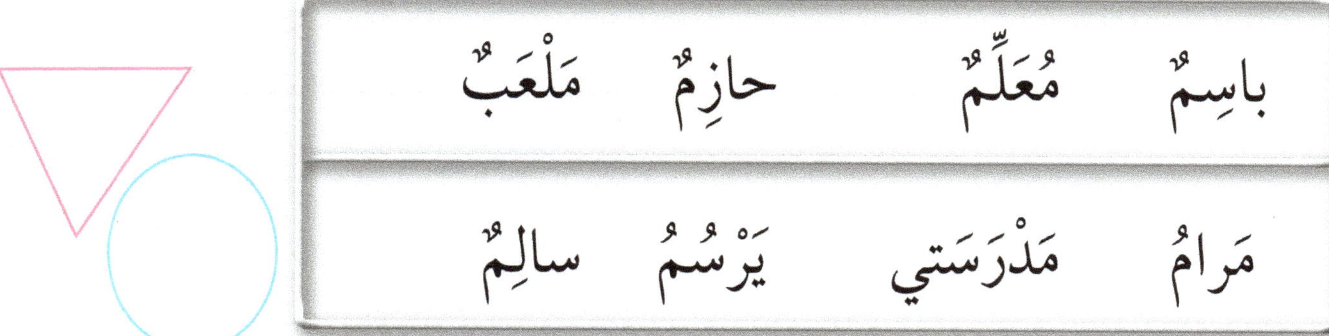

مَلْعَبٌ	حازِمٌ	مُعَلِّمٌ	باسِمٌ
سالِمٌ	يَرْسُمُ	مَدْرَسَتِي	مَرامُ

4

أَقْرَأُ كَلِمَاتٍ جَدِيدَةً وَأَرْسُمُ دائِرَةً حَوْلَ حَرْفِ (م) فِي الْكَلِمَاتِ الْآتِيَةِ:

مرمى	باسِمٌ	رامي	سَمَرٌ	سامِرٌ

7 أَكْتُبُ الْحَرْفَ (م) بِخَطٍّ جَميلٍ مُرَتَّبٍ عَلَى السَّطْرِ:

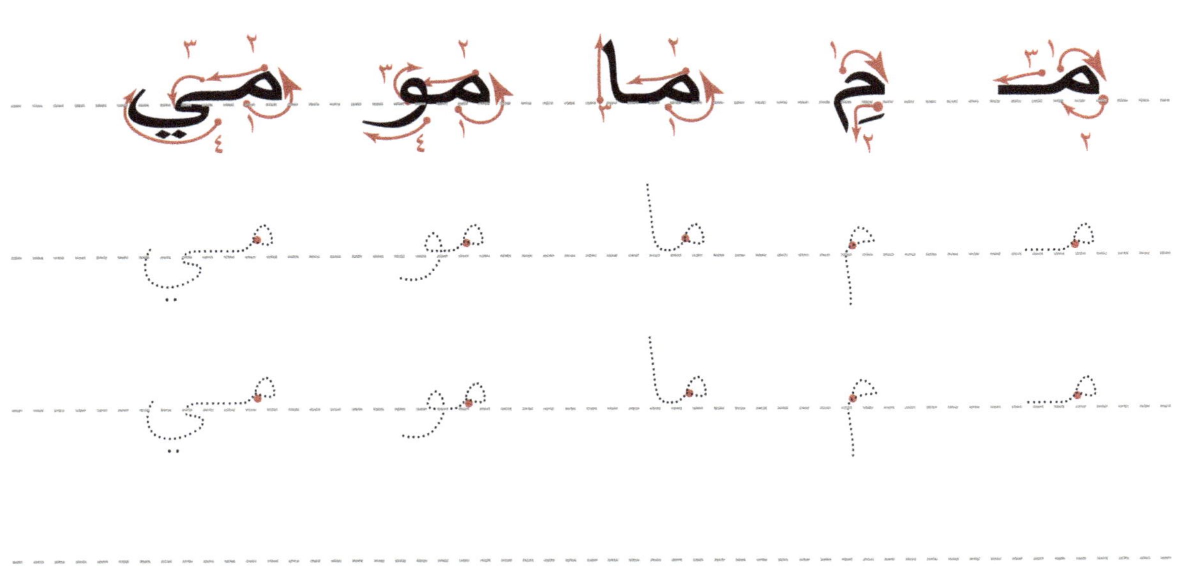

2 أُعيدُ كِتابَةَ الْمَقْطَعِ الْمُلَوَّنِ في الْجَدْوَلِ، وأَلْفِظُ :

موسى   سامي   مَرْمى   ماما

3 أَنْظُرُ إِلى الصُّورَةِ، ثُمَّ أَنْطِقُ اسْمَ الصُّورَةِ وَأَكْتُبُ الْحَرْفَ (م) في الْفَراغِ بِشَكْلِهِ الْمُناسِبِ :

يَرْسُ..ُ   أَتَعَلَّ..ُ   أَحْتَرِ..ُ   يَـ...ْشي

١ أَنْطِقُ الْكَلِماتِ الآتِيةَ وَأُمَيِّزُ الْحَرْفَ السَّاكِنَ وَأُبْرِزُ صَوْتَهُ:

بَيْتي مَدْرَسَتي أُسْرَتي أَصْدِقائي بَسْمَةُ سَلْمى سَلْوى

٢ أَذْكُرُ أَسْماءَ الصُّوَرِ الآتِيَةِ وَأُبْرِزُ صَوْتَ الْحَرْفِ السَّاكِنِ.

وَرْدَةٌ حَلْوى مَرْمى بَيْتٌ

٣ أَسْتَمِعُ إِلى الْكَلِماتِ الآتِيَةِ، ثُمَّ أَضَعُ دائِرَةً حَوْلَ (الْحَرْفِ السَّاكِنِ):

دَرَسَ الرَّسْمِ أَحْتَرِمُ الْحَديقَةُ يَرْسُمُ

٤ أَسْتَمِعُ إِلى مُعَلِّمي ثُمَّ أَرْسُمُ السُّكونَ فَوْقَ الْحَرْفِ الْمُلَوَّنِ:

بُستانٌ أَزهارُ يَبني يَمشي

الْفَتْحَةُ

1 أَقْرَأُ الْأَحْرُفَ الْآتِيَةَ، وَأُرَاجِعُ صَوْتَ السُّكُونِ وَصَوْتَ الْفَتْحَةِ:

| سَ | سْ | مَ | مْ | بَ | بْ |

سَيْفٌ   مَرَامُ   بَيْتٌ

2 بِالِاشْتِرَاكِ مَعَ زَمِيلِي، نَقْرَأُ سَوِيًّا الْكَلِمَاتِ الْآتِيَةَ، ثُمَّ نَكْتُبُ الْحَرْفَ الَّذِي وَقَعَتْ عَلَيْهِ الْفَتْحَةُ فِي الْفَرَاغِ.

بَيْتٌ   رَسَمَ   يَوْمٌ

أَقْرَأُ الْكَلِماتِ الآتِيَةَ وَأُمَيِّزُ بَيْنَ نُطْقِ حَرَكَةِ الْفَتْحَةِ (الْمَدِّ الْقَصيرِ) وَحَرَكَةِ الأَلِفِ (الْمَدِّ الطَّويلِ):

حَبْلٌ

حِبالٌ

جَبَلٌ

جِبالٌ

رَمى

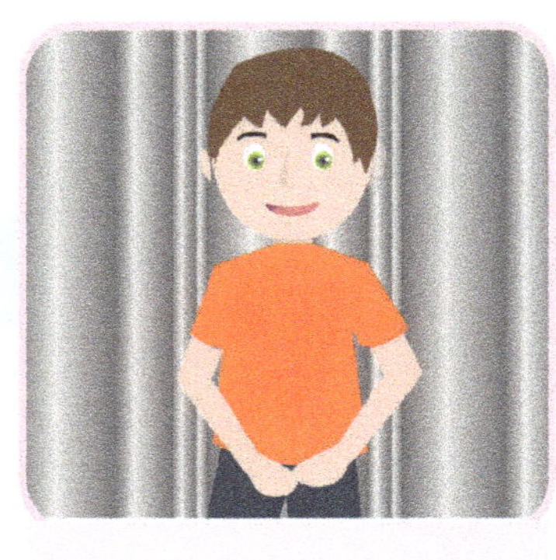

رامي

كَتَبَ

كِتابٌ

حَرْفُ الرّاء

1 أُصْغي إِلى الكَلِماتِ الّتي يَلْفِظُها الْمُعَلِّمُ وَأُصَفِّقُ عِنْدَ سَماعي صَوْتَ الْحَرْفِ (ر)

مُعَلِّمي	يَسارٌ	تَمْرٌ	دارٌ	أَكَلَ
				رَكَلَ

2 أَذْكُرُ أَسْماءَ الصُّوَرِ الآتيةِ وَأَرْسُمُ وَجْهًا باسِمًا عِنْدَما أَنْطِقُ صَوْتَ الْحَرْفِ (ر):

جَرَسٌ

مَطَرٌ

سامي

كُرَةٌ

دارٌ

زَيْتٌ

3 أَقْرَأُ كَلِماتٍ جَديدَةً، وَأُلَوِّنُ إِشارَةَ الـ(✓)عِنْدَما أَسْتَطيعُ أَنْ أَقْرَأَ بِمُفْرَدي:

| رَمى | مَرامُ | راما | يَرْسُمُ | مَرْيَمُ | مَسْرورٌ | مَمَرٌّ |

1 أُمَيِّزُ شَكْلَ الْحَرْفِ (ر)، أَنْظُرُ جَيِّدًا لِأَتَعَرَّفَ إِلَيْهِ :

| مَسْرورٌ ر | مَمَرٌّ ر | مَرْيَمُ ر | رَسَمَ ر |

2 أَرْسُمُ دائِرَةً حَوْلَ حَرْفِ (ر) في الْكَلِماتِ الْآتِيَةِ :

| يَرْسُمُ | زَيْدٌ | مرامُ | رامي | دارٌ | تَمْرُ |

3 أَحْذِفُ حَرْفَ (ر) مِنَ الْكَلِماتِ الْآتِيَةِ لِأَحْصُلَ عَلى كَلِمَةٍ جَديدَةٍ أُشَكِّلُها ثُمَّ أَقْرَأُ :

عامِرُ   سامِرٌ   رَبابُ

1 أَكْتُبُ الْحَرْفَ (ر) بِخَطٍّ جَميلٍ مُرَتَّبٍ عَلَى السَّطْرِ :

رَ ر

ر

ر

را رو ري

را رو ري

را رو ري

2 أُعيدُ كِتابَةَ الْمَقْطَعِ الْمُلَوَّنِ في الْجَدْوَلِ، وَأَلْفِظُ :

يَرْسُمُ   ريمُ   روسُ   رامي

3 أَنْظُرُ، ثُمَّ أَنْطِقُ اسْمَ الصُّورَةِ وَأَكْتُبُ الْحَرْفَ (ر) في الْفَراغِ :

خَـ...وفٌ   ...مُانٌ   كُـ..ةٌ   دا...ٌ

4 أَقْرَأُ كَلِماتٍ تَعَرَّفْتُ عَلى جَميعِ حُروفِها، ثُمَّ أَكْتُبُ الْحَرْفَ (ر)
في الْفَراغِ بِشَكْلِهِ الْمُناسِبِ :

مَـ..مى   سَـ..يرٌ   يَـ..مي   يَـ..سُم   مِسْماـ..ٌ

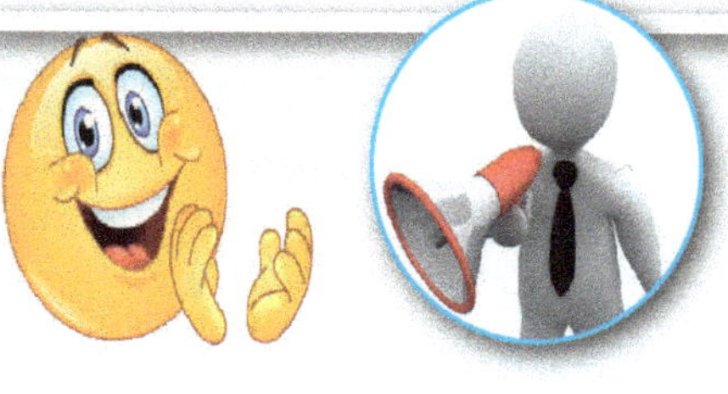

حرف الفاء

أَوَّلًا: التَّذَكُّرُ الصَّوْتِيّ:

1 أُصْغي إِلى الْكَلِماتِ الَّتي يَلْفِظُها الْمُعَلِّمُ وَأُصَفِّقُ عِنْدَ سَماعي صَوْتَ الْحَرْفِ (ف):

فُلْفُلٌ   فولٌ   فيلٌ   ثَوْمٌ   مَلْفوفٌ   خَروفٌ

2 أَذْكُرُ أَسْماءَ الصُّوَرِ الآتِيَةِ وَأَرْسُمُ وَجْهاً باسِماً عِنْدَما أَنْطِقُ صَوْتَ الْحَرْفِ (ف):

بُسْتانٌ

فولٌ

خَروفٌ

مَلْفوفٌ

فُلْفُلٌ

٣ أَقْرَأُ كَلِماتٍ جَديدَةً، وَأُلَوِّنُ إِشارَةَ الـ(✓) عِنْدَما أَسْتَطيعُ أَنْ أَقْرَأَ بِمُفْرَدي :

رَفْرَفَ | سَيْفٌ | فَمي | فارِسٌ | فَرَسٌ

ثانِيًا : التَّذَكُّرُ الْبَصَريُّ

١ أُمَيِّزُ شَكْلَ الْحَرْفِ (ف)، أَنْظُرُ جَيِّدًا لِأَتَعَرَّفَ إِلَيْهِ :

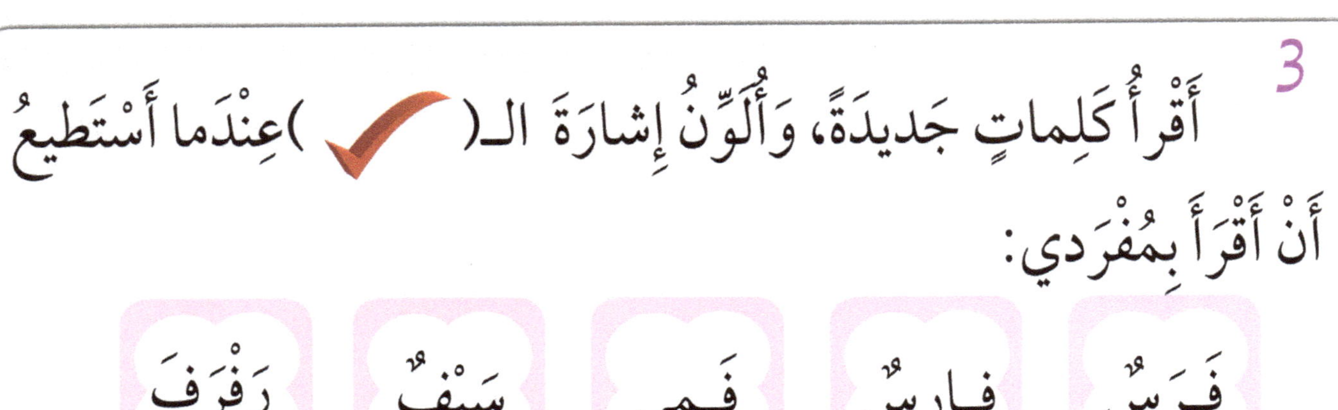

فَرَسٌ | ف | ـف | سَيْفٌ | ف

٢ أَقْرَأُ كَلِماتٍ جَديدَةً وَأَرْسُمُ دائِرَةً حَوْلَ حَرْفِ (ف) في الْكَلِماتِ الآتِيَةِ :

سافَرَ | رَفٌّ | سُيوفٌ | مُسافِرٌ | ريفٌ

٣ أَحْذِفُ الْحَرْفَ (ف) مِنَ الْكَلِماتِ الآتِيَةِ لِأَحْصُلَ عَلى كَلِمَةٍ جَديدَةٍ أُشَكِّلُها ثُمَّ أَقْرَأُ :

فِراسٌ   يَفْرُشُ   سافَرَ

1 أَكْتُبُ الْحَرْفَ (ف) بِخَطٍّ جَميلٍ مُرَتَّبٍ عَلى السَّطرِ :

2 أُعيدُ كِتابَةَ الْمَقْطَعِ الْمُلَوَّنِ في الْجَدْوَلِ، وَأَلْفِظُ :

فادي   سَفيرٌ   مَلْفوفٌ   فَرَسٌ

- - - - - - - - - - - - - - - - - - -

- - - - - - - - - - - - - - - - - - -

3 أَنْطِقُ أَسْماءَ الصُّوَرِ الآتِيَةِ ثُمَّ أَكْتُبُ الْحَرْفَ (ف) في الْفَراغِ بِشَكْلِهِ الْمُناسِبِ :

..ـَ..ـُ..ـُلْ   خَروـُ..   ..َراشٌ   مَلْـ..ـوفٌ   ..َرَسٌ

4 أَقْرَأُ الْكَلِماتِ الآتِيَةَ ثُمَّ أَكْتُبُ الْحَرْفَ (ف) في الْفَراغِ بِشَكْلِهِ الْمُناسِبِ :

..َرَسٌ   ..ـارِسٌ   رَ..ْرَفَ   سا..ـَرَ

حرف الشين

أَوَّلًا: التَّذَكُّرُ الصَّوْتِي :

1 أُصْغِي إِلى الكَلِماتِ الَّتِي يَلْفِظُها الْمُعَلِّمُ وَأُصَفِّقُ عِنْدَ سَماعِي صَوْتَ الْحَرْفِ (ش):

رِيشٌ   فولٌ   شَمْسٌ   فَراشٌ   فيلٌ   شُمّامٌ

2 أُحاوِلُ أَنْ أَقْرَأَ الْكَلِماتِ الآتِيَةَ، وَأَرْسُمُ وَجْها باسِمًا عِنْدَما أَسْتَطِيعُ أَنْ أَقْرَأَ الْكَلِماتِ بِدونِ مُساعَدَةٍ:

رِيشٌ   شَمْسٌ   مِشْمِشٌ   فَراشٌ

شابٌّ   شُمّامٌ   شارِعٌ   شَرابٌ

3 أَقْرَأُ كَلِماتٍ جَديدَةً، وَأُلَوِّنُ إِشارَةَ الـ(✓)عِنْدَما أَسْتَطِيعُ أَنْ أَقْرَأَ بِمُفْرَدِي:

شادِي   فَراشٌ   رِيشٌ   شَمْسٌ   يَمْشِي   فِراشٌ

1 أُمَيِّزُ شَكْلَ الحَرْفِ (ش)، أَنْظُرُ جَيِّدًا لِأَتَعَرَّفَ إِلَيْهِ :

مِشْمِشٌ   شَمْسٌ   شارِعٌ

ش   شْ   شَـ   شا

– كَمْ نُقْطَةً فَوْقَ الحَرْفِ (ش) ؟ ....

2 أَضَعُ دائِرَةً حَوْلَ الكَلِمَةِ المُخالِفَةِ : 

سامي   سامي   شامي   سامي

3 أُنْطِقُ أَسْماءَ الصُّوَرِ وَأَرْسُمُ دائِرَةً حَوْلَ الحَرْفِ (ش):

عُشْبٌ   ثَوْبٌ   شَرابٌ   شارِعٌ

1 أَكْتُبُ الْحَرْفَ (ش) بِخَطٍّ جَميلٍ مُرَتَّبٍ عَلى السَّطْرِ:

شَ

ش

ش

شا   شو   شي

2 أَنْظُرُ إِلَى الصُّورَةِ، ثُمَّ أَنْطِقُ اسْمَ الصُّورَةِ وَأَكْتُبُ الْحَرْفَ (ش) فِي الْفَرَاغِ بِشَكْلِهِ الْمُنَاسِبِ :

...ارِعٌ   فَرا...ات.   مِ...مِ...مِ...   ...َراب

  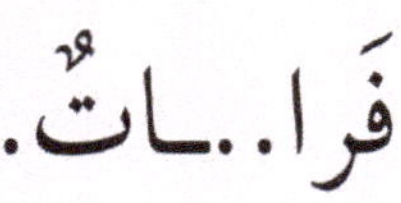

مَمَرُّ مُ...اةٍ   إِ...ارَةٌ ضَوْئِيَّةٌ

3 أُعِيدُ كِتَابَةَ الْمَقْطَعِ الْمُلَوَّنِ فِي الْجَدْوَلِ، وَأَلْفِظُ :

شادي   يُشْرِفُ   شَرِيف   يَمْشِي

شومَرٌ

الْكَسْرَة

فيلٌ تينٌ عيدٌ ياسمينُ

الْيومَ أُعَرِّفُكُمْ عَلى ابْنَتي، اسْمُها الْكَسْرة، تُحاوِلُ أَنْ تُقَلِّدَ صَوْتي، صَوْتُها يُشْبِهُ صَوْتي، إِلاَّ أَنَّ صَوْتي أَقْوى وَأَطْوَلُ.

ي ي ي

أَنا الْياء، أَقولُ ييي، اسْمَعوا صَوْتي
عِنْدَما أَجْتَمِعُ بِالْحُروفِ

بي سي مي في ري

أَنا الْكَسْرَةُ وَأَقولُ

بِ سِ مِ فِ رِ

والْمُفاجَأَةُ أَنَّ لي صَوْتًا آخَرَ، حاوِلوا أَنْ تَتَعَرَّفوا عَلَيهِ مِنْ خِلالِ قِراءَةِ الْكَلِماتِ الآتِيَةِ:

بَيْتٌ سَيْفٌ مَيْسٌ فَيروزُ رِياحٌ

١ أَقْرَأُ الْكَلِمَاتِ الْآتِيَةَ وَأَضْبِطُ بِالْكَسْرِ الْحَرْفَ الْأَوَّلَ مِنْ كُلِّ كَلِمَةٍ:

مِفْتَاحٌ   عِنَبٌ   حِسَابٌ   مِسْمَارٌ

٢ بِالِاشْتِرَاكِ مَعَ زَمِيلِي، نَقْرَأُ مَعًا الْكَلِمَاتِ الْآتِيَةَ، ثُمَّ نَرْسُمُ الْحَرَكَةَ الْمُنَاسِبَةَ عَلَى الْحَرْفِ الْمُلَوَّنِ.

تِمْسَاحٌ   تَمْرٌ   بَيْتٌ   بِنْتٌ

٣ أُمَيِّزُ بَيْنَ صَوْتَيِ الْفَتْحَةِ وَالْكَسْرَةِ:

جَبَلٌ   جِبَالٌ

حَبْلٌ   حِبَالٌ

حرف التّاء

1 أُصْغِي إِلى الكَلِماتِ الّتي يَلْفِظُها الْمُعَلِّمُ وَأُصَفِّقُ عِنْدَ سَماعي صَوْتَ الْحَرْفِ (ت):

تُفَّاحٌ   تِينٌ   زارَ   تَسَلَّقَ   شُكْرًا   شَجَرَةٌ   بُسْتانٌ

2 أَقْرَأُ كَلِماتٍ جَديدَةً وَأَرْسُمُ وَجْهًا عِنْدَما أَسْتَطيعُ أَنْ أَقْرَأَ وَأُبْرِزَ صَوْتَ الْحَرْفِ (ت، ة) الْمُتَحَرِّكِ في الْكَلِماتِ بِدونِ مُساعَدَةٍ:

بَيْتٌ   فَتاةٌ   سَيّاراتٌ   سَيّارَةٌ   تُوتٌ   مَدْرَسَةٌ

3 أَقْرَأُ الكَلِماتِ الآتِيَةَ وَأُبْرِزُ صَوْتَ الْحَرْفِ (ت، ة) السَّاكِنِ :-

بَيْت   فَتاة   سَيّارات

سَيّارَة   تُوت   مَدْرَسَة

4

أُمَيِّزُ بَيْنَ صَوْتِ (ت، ة) الْمُتَحَرِّكَةِ وَالسَّاكِنَةِ :

جَرَى حِوَارٌ بَيْنَ رَامِي وَالْمُعَلِّمِ، وَمِنْ خِلَالِ هَذَا الْحِوَارِ سَوْفَ نَفْهَمُ الْفَرْقَ بَيْنَ صَوْتِ (ت، ة).

قَالَ رَامِي : لَا أَسْمَعُ صَوْتَ التَّاءِ الْمَرْبُوطَةِ يَا مُعَلِّمِي.

الْمُعَلِّمُ: إِنَّهَا خَجُولَةٌ لَا تُصْدِرُ صَوْتًا. إِلَّا إِذَا وَضَعْنَا فَوْقَهَا حَرَكَةً أَوْ أَضَفْنَا بَعْدَهَا اسْمًا.

ثُمَّ قَالَ الْمُعَلِّمُ: مَا هَذِهِ ؟

الْأَوْلَادُ : إِنَّهَا سَاعَة. ... وَلَمْ نَسْمَعْ صَوْتَ التَّاءِ يَا مُعَلِّمِي.

الْمُعَلِّمُ : سَاعَةُ مَنْ هَذِهِ ؟

الْأَوْلَادُ : إِنَّهَا سَاعَةُ رَامِي. سَمِعْنَا صَوْتَ التَّاءِ !!!

الْمُعَلِّمُ : مَا هَذِهِ ؟

الْأَوْلَادُ : إِنَّهَا سَمَّاعَة. ... وَلَمْ نَسْمَعْ صَوْتَ التَّاءِ.

الْمُعَلِّمُ : سَمَّاعَةُ مَنْ ؟

رَامِي : سَمَّاعَةُ الطَّبِيبِ.. سَمِعْنَا صَوْتَ التَّاءِ !!!

1 أُمَيِّزُ بَيْنَ صَوْتِ (ت، ة) الْمُتَحَرِّكَةِ والسَّاكِنَةِ :

التَّاءُ الْمَرْبُوطَةُ الْمُنْفَصِلَةُ	التَّاءُ الْمَرْبُوطَةُ الْمُتَّصِلَةُ	التَّاءُ الْمَبْسُوطَةُ	التَّاءُ الْمَبْسُوطَةُ
شَجَرَة	بَسْمَة	بُسْتان	توت
ة	ـة	ـت	ت

2 أَرْسُمُ دائِرَةً حَوْلَ حَرْفِ (ت، تـ، ة، ـة) بِشَكْلِهِ الْمُنَاسِبِ فيما يَأْتِي :

ت	ة	ـة	ت	ة	ـة	ت	ة	ـة	ت	ة	ـة

3 أَقْرَأُ الْكَلِمَاتِ الآتِيَةَ، ثُمَّ أَرْسُمُ دائِرَةً حَوْلَ الْكَلِمَةِ الَّتِي تَحْوِي (ت) الْمَبْسُوطَةِ وَأَرْسُمُ مُثَلَّثًا حَوْلَ الْكَلِمَةِ الَّتِي تَحْوِي (ة) الْمَرْبُوطَةِ :-

توتَ   تامِر   سارة   بَيْت   فَراشَة   بَسْمَة

1 أَكْتُبُ الْحَرْفَ (ت) بِخَطٍّ جَميلٍ مُرَتَّبٍ عَلى السَّطْرِ :

2 أَنْظُرُ إِلَى الصُّوَرِ الآتِيَةِ وَالتي تُعَبِّرُ عَنْ أَفْعَالٍ قَامَ بِهَا الأَطْفَالُ في بُسْتَانِ تَالَةَ، وَأَكْتُبُ الْحَرْفَ (ت) في الْفَرَاغِ بِشَكْلِهِ الْمُنَاسِبِ:

جَلَسَ...ْ

...َناوَلَ

تَناوُلُ...ْ

....ِحبُ

...َسَلَّقَ

3 أَنْظُرُ إِلَى الصُّورَةِ، ثُمَّ أَنْطِقُ اسْمَ الصُّورَةِ وَأَكْتُبُ الْحَرْفَ (تـ، ت،ـة،ة) في الْفَرَاغِ بِشَكْلِهِ الْمُنَاسِبِ:

بَيـ.. جَدّي

سَيَّارَ.. مُعَلِّمَتي

مَدْرَسَ.. بَسْمَةُ

كُرَ.. رامي

فُرْشَا.. أَخِي   رَسَمَ.. أُخْ..ي   مِبْرَا.. تالَةَ   حَبَّا.. تُو..

4   أَقْرَأُ الْكَلِماتِ الآتِيَةَ وأُمَيِّزُ بَيْنَ رَسْمِ الحَرْفِ (ت) وأَضَعُ دائِرَةً حَوْلَهُ، ثُمَّ أَكْتُبُهُ في الفَراغِ :

تامِرُ	تَمِيمٌ	تُوتٌ
شَجَرَةٌ	فَتاةٌ	وَرْدَةٌ
فَراشَةٌ	نَحْلَةٌ	مَدْرَسَةٌ
بَيْتٌ	سَيَّاراتٌ	رَسَمَتْ

5

أُعِيدُ كِتَابَةَ الْمَقْطَعِ الْمُلَوَّنِ فِي الْجَدْوَلِ، وَأَقْرَأُ:

تالَةُ   مَدْرَسَتِي   توتُ

6

أَقْرَأُ الْكَلِمَاتِ الْآتِيَةَ، ثُمَّ أَكْتُبُ فِي الْعَمُودِ الْأَوَّلِ الْكَلِمَاتِ الَّتِي تَحْوِي التَّاءَ الْمَبْسُوطَةَ وَفِي الْعَمُودِ الثَّانِي الْكَلِمَاتِ الَّتِي تَحْوِي التَّاءَ الْمَرْبوطَةَ:

بِنْتٌ   سَيَّارَةٌ   تَمَارَةٌ   بُيوتٌ

سَيَّاراتٌ   فُرْشَاةٌ   تالَةُ   رَسَمَتْ

التَّاءُ الْمَبْسُوطَةُ	التَّاءُ الْمَرْبوطَةُ الْمُتَّصِلَةُ
ـــــــــــــ	ـــــــــــــ
ـــــــــــــ	ـــــــــــــ
ـــــــــــــ	ـــــــــــــ
ـــــــــــــ	ـــــــــــــ

ﻗ

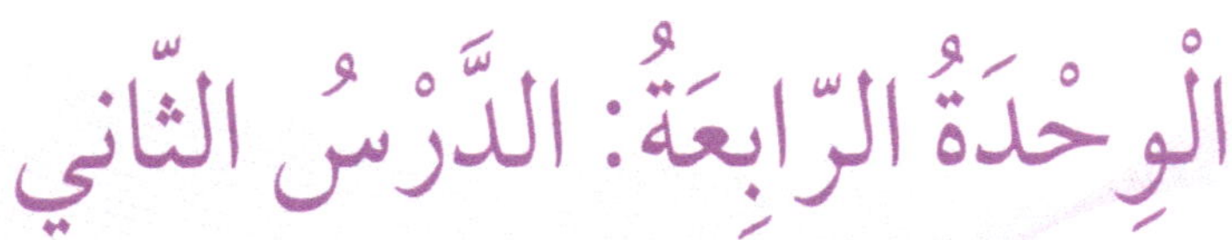

حرف النون

أَوَّلًا: التَّذَكُّرُ السَّمْعِيُّ النُّطْقِيُّ :

1 أُصْغي إِلى الكَلِماتِ الّتي يَلْفِظُها الْمُعَلِّمُ وَأُصَفِّقُ عِنْدَ سَماعي صَوْتَ الْحَرْفِ (ن)

لَيْمونٌ   رُمّانٌ   مَنارُ   مُنى   مَيْسونٌ   نورُ

نَمْشي   شَرابٌ   نَرْسُمُ   نَشْعُرُ   بَيْتٌ

2 أُحاوِلُ أَنْ أَقْرَأَ الْكَلِماتِ الآتِيَةَ، وَأَرْسُمُ وَجْهًا باسِمًا عِنْدَما أَسْتَطيعُ أَنْ أَقْرَأَ الْكَلِماتِ بِدونِ مُساعَدَةٍ:

بِنْتٌ   سَمينٌ   نامَ   نارٌ   نَمِرٌ

1 أُمَيِّزُ شَكْلَ الْحَرْفِ (ن)، أَنْظُرُ جَيِّدًا لِأَتَعَرَّفَ إِلَيْهِ :

نَ   نَمِرٌ

ن   بُسْتانٌ

2 أَقْرَأُ الْكَلِماتِ الْآتِيَةَ، ثُمَّ أَضَعُ دائِرَةً حَوْلَ الْحَرْفِ (ن) بِأَشْكالِهِ الْمُخْتَلِفَةِ :

يَنْمو   أَسْنانٌ   رانِيا   نَوْمٌ   نورٌ

3 أَرْسُمُ دائِرَةً حَوْلَ الْكَلِمَةِ الْمُخالِفَةِ فيما يَأْتي :

نَسْر   نَمِر   نَسْر   نَسْر   بِنْت   بَيْت   بَيْت   بَيْت

1 أَكْتُبُ الْحَرْفَ (ن) بِخَطٍّ جَميلٍ مُرَتَّبٍ عَلى السَّطْرِ :

نْ   نَ   نِ

انا   نو   ني

٢ أَقْرَأُ الْكَلِماتِ الْآتِيَةَ، ثُمَّ أَضَعُ دائِرَةً حَوْلَ الْحَرْفِ (ن) وَأَرْسُمُ الشَّكْلَ الْمُتَكَرِّرَ في الْفَراغِ:

ناسٌ   نَمِرٌ   نامَ
يَنامُ   بِنْتٌ   رَنا

٣ أُعيدُ كِتابَةَ الْمَقْطَعِ الْمُلَوَّنِ في الْجَدْوَلِ، وَأَقْرَأُ:

نـادِيَةُ   نيرانٌ   نـورٌ

٤ أَقْرَأُ الْكَلِماتِ الْآتِيَةَ، ثُمَّ أَكْتُبُ الْحَرْفَ (ن) في الْفَراغِ بِشَكْلِهِ الْمُناسِبِ:

بَـ..اتٌ   ..َباتٌ   لَيمو..   رُمّا..   أَ..اناسٌ

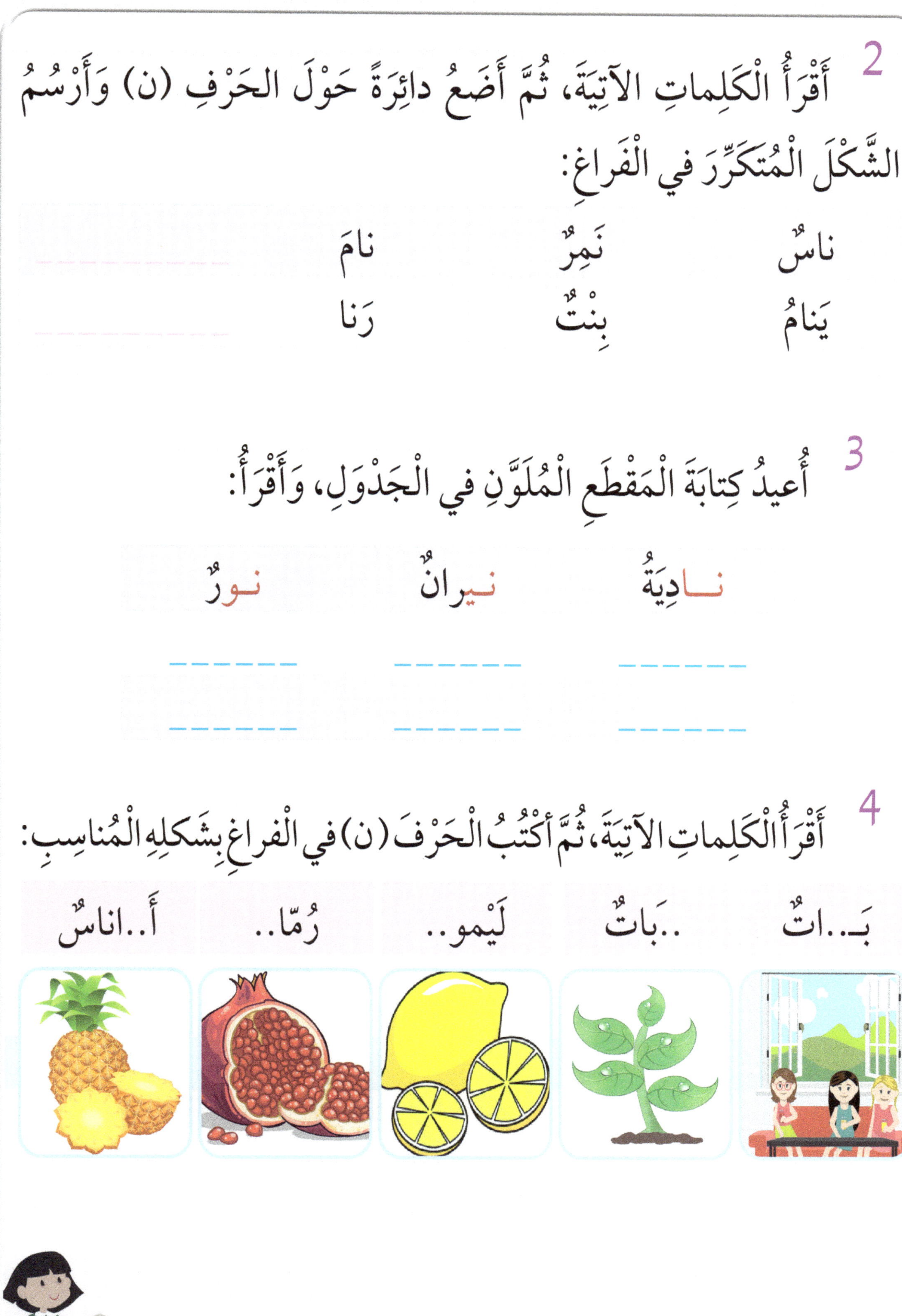

الضُّمَّة

و

توت   سور   بوم   نور

2

أنا الواو، أَقول وووو، اسْمَعوا صَوْتي عِنْدَما أَجْتَمِعُ بالْحُروف أنا حَرْفُ الْمَدِّ (وووووو)

1

الْيَوْمَ أُعَرِّفُكُمْ عَلى ابْنَتي، اسْمُها الضَّمَّةُ، تُحاوِلُ أَنْ تُقَلِّدَ صَوْتي، صَوْتُها يُشْبِهُ صَوْتي، إلا أَنَّ صَوْتي أَقْوى وَأَطْوَل.

3

أنا الضَّمَّةُ وَأَقولُ

بُ ... بو

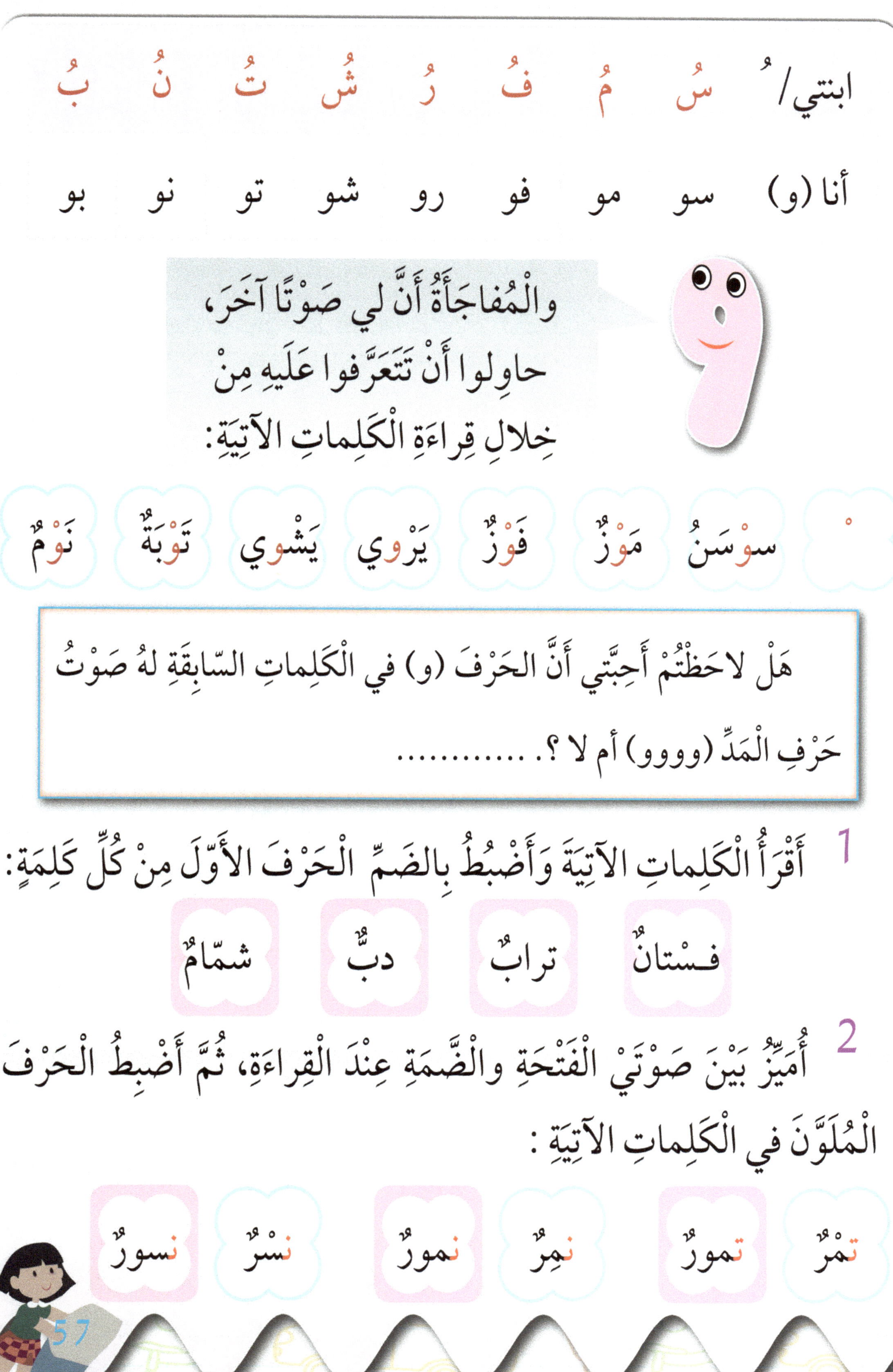

بُ	نُ	تُ	شُ	رُ	فُ	مُ	سُ	ابنتي/
بو	نو	تو	شو	رو	فو	مو	سو	أنا (و)

نَوْمٌ	تَوْبَةٌ	يَشْوي	يَرْوي	فَوْزٌ	مَوْزٌ	سَوْسَنُ

هَلْ لاحَظْتُمْ أَحِبَّتي أَنَّ الْحَرْفَ (و) في الْكَلِماتِ السّابِقَةِ لهُ صَوْتُ حَرْفِ الْمَدِّ (وووو) أَمْ لا ؟.. ....

1 أَقْرَأُ الْكَلِماتِ الآتِيَةَ وَأَضْبِطُ بِالضَّمِّ الْحَرْفَ الأَوَّلَ مِنْ كُلِّ كَلِمَةٍ:

شَمّامٌ	دُبٌّ	تُرابٌ	فُسْتانٌ

2 أُمَيِّزُ بَيْنَ صَوْتَيِ الْفَتْحَةِ وَالضَّمَّةِ عِنْدَ الْقِراءَةِ، ثُمَّ أَضْبِطُ الْحَرْفَ الْمُلَوَّنَ في الْكَلِماتِ الآتِيَةِ:

نُسورٌ	نَسْرٌ	نُمورٌ	نَمِرٌ	تَمُرُّ	تَمْرٌ

3 أُحاوِلُ أَنْ أَقْرَأَ الْجُمَلَ الْآتِيَةَ بِمُفْرَدِي وَأَخْتارُ الْمَقْطَعَ الصَّحِيحَ، مَعَ قَلِيلٍ مِنَ الْجُهْدِ سَوْفَ تَسْتَطِيعونَ الْقِراءَةَ لِأَنَّكُمْ رائِعون:

تُـ	تو	1 دَرَسَتْ. .لين، وَرَسَمَتْ تالَةُ. .رابُ.
بُ	بو	2 في. .سْتانِ تالَةَ توتٌ، وفي. .سْتانِ بَسْمَةَ. .مُ.
مُ	مو	3 أَنا أُحِبُّ اللَّيْـ. .نَ و. .عَلِّمَتي تُحِبُّ الزَّيْتونَ.
سُ	سو	4 . .لَّمُ بَيْتي بُنِّيٌّ وَ. .رُبَيْتي أَسْوَدُ.
شُ	شو	5 في بَيْتي. .مّامٌ وفي بَيْتِ فادي. . .مَرُ.
فُ	فو	6 اشْتَرى أَبي مَلْـ. .فًا و. .لْفُلًا.
نُ	نو	7 . .رُ تَرْسُمُ. .سورًا.

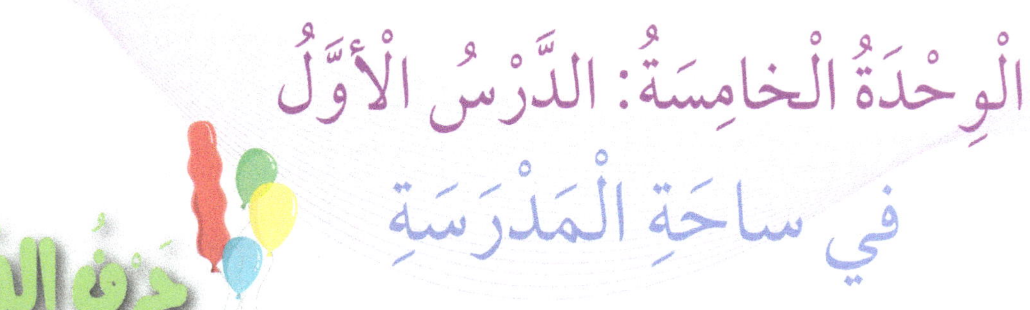

حَرْفُ الدّال

أَوَّلًا: التَّذَكُّرُ السَّمْعيّ، النُّطْقيّ :

1 أُصغي إِلى الكَلِماتِ الّتي يَلْفِظُها الْمُعَلِّمُ وَأُصَفِّقُ عِنْدَ سَماعي صَوْتَ الْحَرْفِ (د)

نَشيدٌ	مُرادٌ	فَرِحَ	فادي
ساحَةٌ	أَوْلادُ	العيدُ	مُديرٌ

2 أَقْرَأُ كَلِماتٍ جَديدَةً وَأَرْسُمُ وَجْهًا باسِمًا عِنْدَما أَسْتَطيعُ أَنْ أَقْرَأَ الْكَلِماتِ بِدونِ مُساعَدَةٍ:

1 أُمَيِّزُ شَكْلَ الْحَرْفِ (د)، أَنْظُرُ جَيِّدًا لِأَتَعَرَّفَ إِلَيْهِ :

أَوْلادٌ   د

د   مَدْرَسَةٌ

2 أَرْسُمُ دائِرَةً حَوْلَ حَرْفِ (د) في الْكَلِماتِ الآتِيَةِ :

مُديرٌ   نَشيدٌ   نَديمٌ   ذَيْلٌ

3 أَحْذِفُ حَرْفَ (د) مِنَ الْكَلِمَةِ ثُمَّ أَقْرَأُ :

دُروسٌ   شادي   نادي

1 أُعيدُ كِتابَةَ الْمَقْطَعِ الْمُلَوَّنِ في الْجَدْوَلِ، وَأَلْفُظُ :

نَديمٌ   دارٌ   أَنْشَدَ   أَوْلادُ

يَدور

أَكْتُبُ الْحَرْفَ (د) بِخَطٍّ جَمِيلٍ مُرَتَّبٍ عَلَى السَّطْرِ:

أَكْتُبُ الْحَرْفَ (د) في الْفَرَاغِ بِشَكْلِهِ الْمُنَاسِبِ ثُمَّ أَقْرَأُ :

أَنْشَ...وا   الْعِيـ...ُ   الأَوْلا...ُ

مُـ...ـيرٌ   مَـ...ـرَسَةٌ   نا...ى

أَقْرَأُ الْكَلِماتِ الآتِيَةَ، ثُمَّ أَضَعُ دائِرَةً حَوْلَ الْحَرْفِ(د) وَأَرْسُمُ الشَّكْلَ الْمُتَكَرِّرَ في الشَّكْلِ الْفارِغِ :

دَرَسَ   دارٌ   دَفْتَرٌ

مَدْرَسَةٌ   نادي   مُديرٌ

نَشيدٌ   أَوْلادٌ   مُرادٌ

هل اخْتَلَفَ رَسْمُ الْحَرْفِ (د) ؟ ---

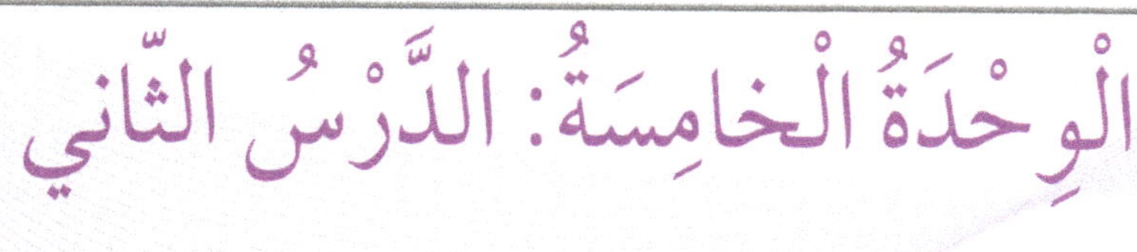

أَوَّلًا: التَّذَكُّرُ الصَّوتِيُّ النُّطقِيُّ :

1 أُصغي إِلى الكَلِماتِ الَّتي يَلْفِظُها الْمُعَلِّمُ وَأُصَفِّقُ عِنْدَ سَماعي صَوْتَ الْحَرْفِ (ح)

| سَميحٌ | حاتِمٌ | حَنانُ | حَمامٌ | يَعْرِفُ |

| سِباحَةٌ | يُحِبُّ | دُروسٌ | حِسابٌ |

2 أَقْرَأُ كَلِماتٍ جَديدَةً وَأَرْسُمُ وَجْهًا باسِمًا عِنْدَما أَسْتَطيعُ أَنْ أَقْرَأَ الْكَلِماتِ بِدونِ مُساعَدَةٍ:

| حَيَوانٌ | حيتانٌ | رَحيمٌ | يَحْمي | حَيْرانُ |

1 أُمَيِّزُ شَكْلَ الْحَرْفِ (ح)، أَنْظُرُ جَيِّدًا لِأَتَعَرَّفَ إِلَيْهِ :

حوتٌ   حـ   خـ   بَحْرٌ   بَلَحْ   حْ

2 أَقْرَأُ الْكَلِماتِ الْآتِيَةَ، ثُمَّ أَضَعُ دائِرَةً حَوْلَ الْحَرْفِ (ح) بِأَشْكالِهِ الْمُخْتَلِفَةِ :

سَميحٌ   حاتِمٌ   حَنانُ   السِّباحَةِ   الْحاسوبِ   الْحِسابِ

3 أَحْذِفُ الْحَرْفَ (ح) مِنَ الْكَلِمَةِ لِأَحْصُلَ عَلى كَلِمَةٍ جَديدَةٍ ثُمَّ أَقْرَأُ :

رَحيمٌ   سَحُورٌ   بَحْرٌ

1- أَكْتُبُ الْحَرْفَ (ح) بِخَطٍّ جَميلٍ مُرَتَّبٍ عَلى السَّطْرِ:

أَقْرَأُ الْكَلِماتِ الآتِيَةَ، ثُمَّ أَضَعُ دائِرَةً حَوْلَ الْحَرْفِ (ح) وَأَرْسُمُ الشَّكْلَ الْمُتَكَرِّرَ في الفَراغِ:

فَرِحَ	مِفْتاحٌ	سَميحٌ
تَحاوَرْنا	يَحْمي	تُحِبُّ
حُسامٌ	حَنانٌ	حاتِمٌ

تَنْوينُ الضَّمِّ

هَذِهِ هِيَ الضَّمَّةُ :

لِنُراجِعَ صَوْتَها مَعًا :

ب	س	مْ	تْ	نْ
بُ	سُ	مُ	تُ	نُ

وَماذا إِذا جاءَتْ مُكَرَّرَةً؟

هُنا لَمْ يَعُدْ اسْمُها ضَمَّةً، بَلْ تَنْوينُ ضَمٍّ، يُوضَعُ فَوْقَ الْحَرْفِ الْأَخيرِ في الْكَلِمَةِ، يَخْتَلِفُ النُّطْقُ، فَصَوْتُ التَّنْوينِ يُشْبِهُ النُّونَ.

ب	س	مْ	تْ	نْ
بٌ	سٌ	مٌ	تٌ	نٌ

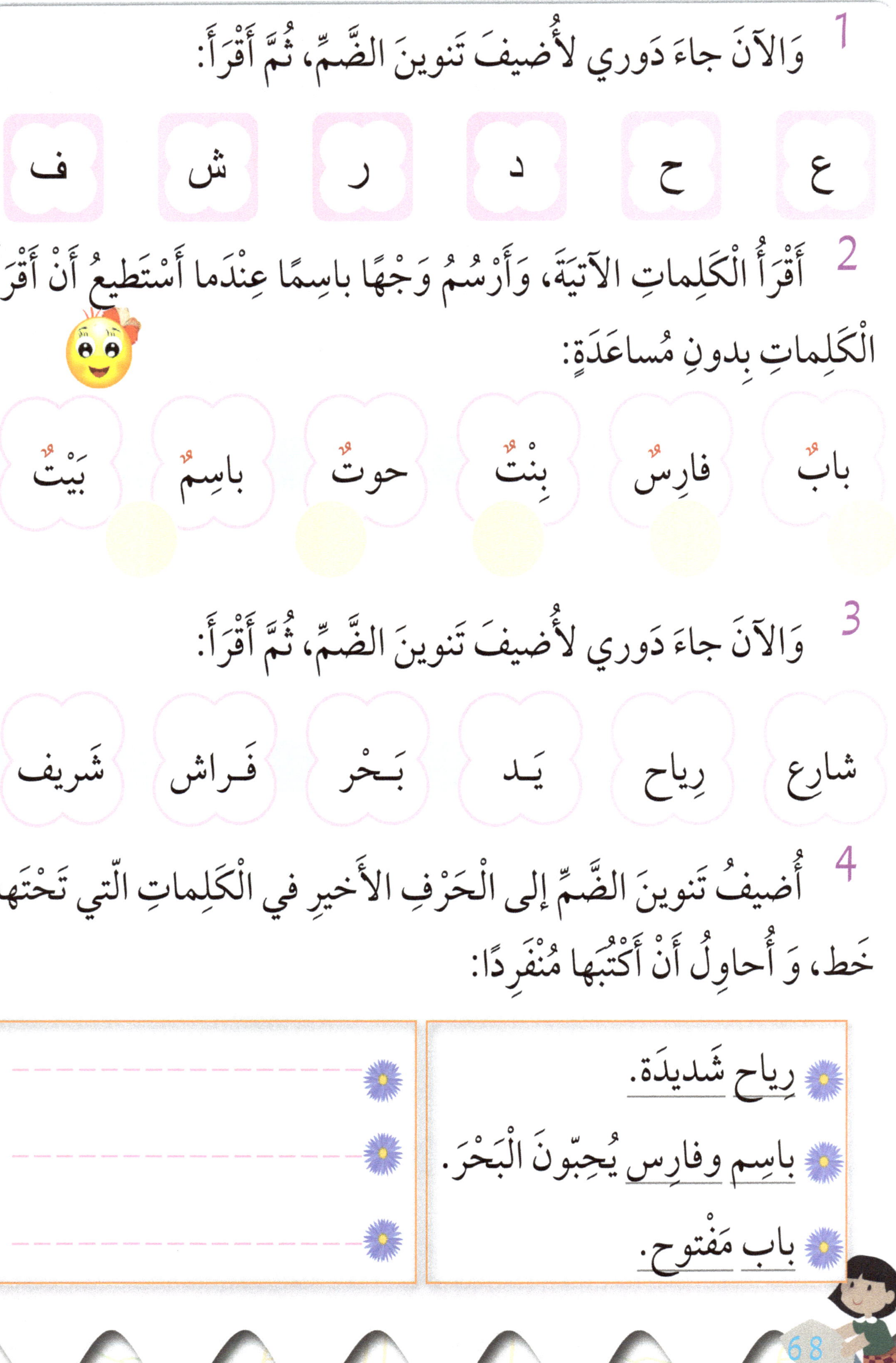

1 وَالآنَ جَاءَ دَوْرِي لِأُضِيفَ تَنْوِينَ الضَّمِّ، ثُمَّ أَقْرَأُ:

ف	ش	ر	د	ح	ع

2 أَقْرَأُ الْكَلِمَاتِ الْآتِيَةَ، وَأَرْسُمُ وَجْهًا عِنْدَما أَسْتَطِيعُ أَنْ أَقْرَأَ الْكَلِمَاتِ بِدُونِ مُسَاعَدَةٍ:

بَيْتٌ	باسِمٌ	حوتٌ	بِنْتٌ	فارِسٌ	بابٌ

3 وَالآنَ جَاءَ دَوْرِي لِأُضِيفَ تَنْوِينَ الضَّمِّ، ثُمَّ أَقْرَأُ:

شَرِيف	فَراش	بَحْر	يَد	رِياح	شارع

4 أُضِيفُ تَنْوِينَ الضَّمِّ إِلَى الْحَرْفِ الْأَخِيرِ فِي الْكَلِمَاتِ الَّتِي تَحْتَهَا خَطٌّ، وَ أُحَاوِلُ أَنْ أَكْتُبَهَا مُنْفَرِدًا:

❁ رِياح شَدِيدَة.

❁ باسِم وفارِس يُحِبّونَ الْبَحْرَ.

❁ باب مَفْتوح.

أَوَّلًا: التَّذَكُّرُ السَّمعيّ، والنُّطْقيّ :

1 أُصغي إِلى الكَلِماتِ الّتي يَلْفِظُها الْمُعَلِّم وَأُصَفِّقُ عِنْدَ سَماعي صَوْتَ الْحَرْفِ (ع):

ساعَةٌ	عَبيرُ	عُمَرَ	فَرِحَتْ	عُلْبَةٌ	عِنَبٍ

شَمعاتٍ	شَرِبَتْ	أَشْعَلَ	سَبْعَ	عَلى	عِمادٌ

2 أُحاوِلُ أَنْ أَقْرَأَ الْكَلِماتِ الْآتِيَةَ، وَأَرْسُمُ وَجْهًا عِنْدَما أَسْتَطيعُ أَنْ أَقْرَأَ الْكَلِماتِ بدونِ مُساعَدَةٍ:

غَديرٌ	عَبيرٌ	عُلْبَةٌ	على	عِنَبٌ	عِمادٌ

1 أُمَيِّزُ شَكْلَ الْحَرْفِ (ع)، أَنْظُرُ جَيِّدًا لِأَتَعَرَّفَ إِلَيْهِ:

عَيْنٌ   عـ   بَلَعَ   ع   نَعْسانٌ   عـ   مُسْرِعٌ   ع

2 أَضَعُ دائِرَةً حَوْلَ حَرْفِ (ع) بِأَشْكالِهِ الْمُخْتَلِفَةِ:

الْعُلْبَةَ   ساعَةٌ   بَلَغَ   شَمْعاتٌ   شارِعٌ   بَلَعَ

3 أَحْذِفُ الْحَرْفَ (ع) مِنْ بِدايَةِ الْكَلِمَةِ، ثُمَّ أَقْرَأُ:

عيدٌ   عَروسٌ   عيدانٌ

1 أَكْتُبُ الْحَرْفَ (ع) بِخَطٍّ جَميلٍ مُرَتَّبٍ عَلَى السَّطْرِ:

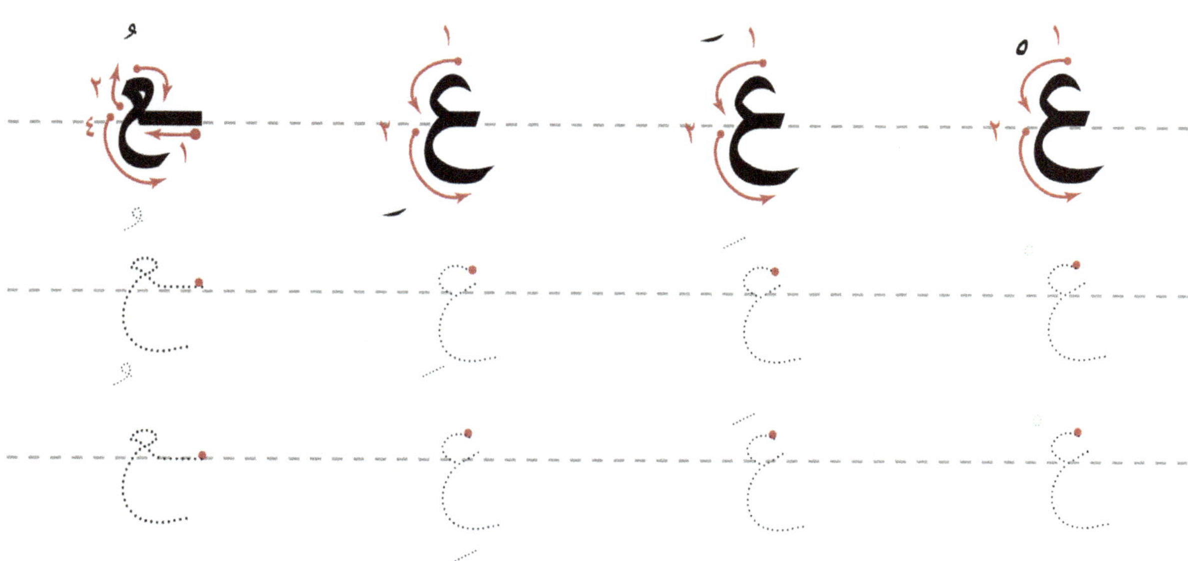

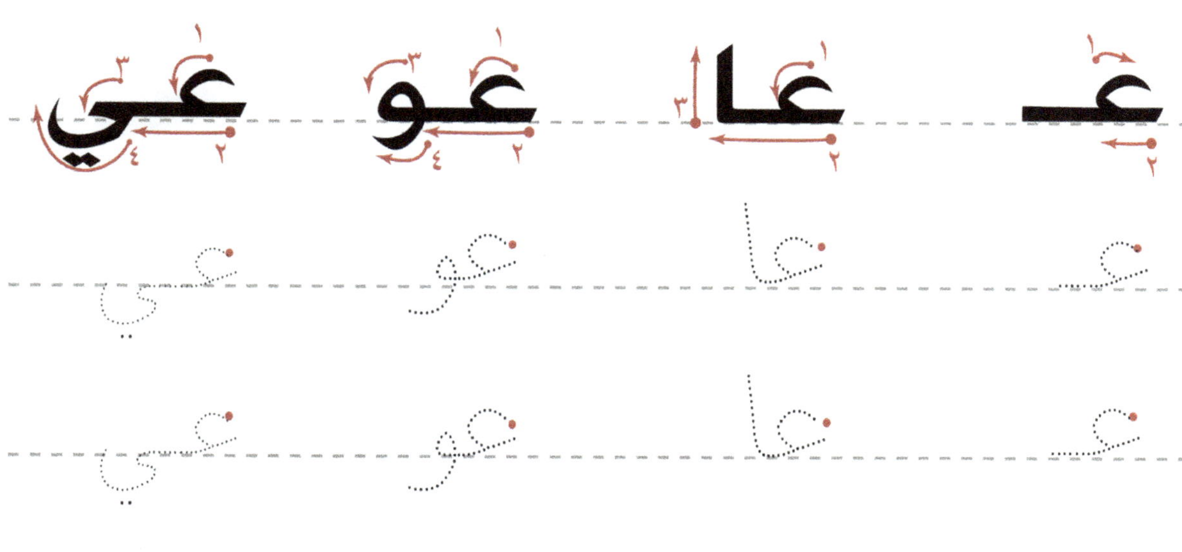

2 أَكْتُبُ الْحَرْفَ (ع) في الْفَرَاغِ بِشَكْلِهِ الْمُنَاسِبِ ثُمَّ أَقْرَأُ :

..بيرُ   أَشْ..لَ   سَبْ..   شَمـ..ـاتٍ   سا..ـةٌ   مُسْرِ..   ..لْبَةٌ

3 أَقْرَأُ الْكَلِماتِ الْآتِيَةَ، ثُمَّ أَضَعُ دائِرَةً حَوْلَ الْحَرْفِ(ع) وَأَرْسُمُ الشَّكْلَ الْمُتَكَرِّرَ في الشَّكْلِ الْفارِغِ:

عَمِي	عودٌ	عَيْنٌ
نَعْسانٌ	نَعَامَةٌ	شَعْرٌ
رَبيعٌ	بَلَعَ	واسِعٌ
مُسْرِعٌ	باعَ	شارِعٌ

4 أَجِدُ الرَّابِطَ الْعَجيبَ بَيْنَ الْكَلِماتِ الْآتِيَةِ وَالصُّوَرِ الَّتي تَليها ثُمَّ أَنْقُلُ الْكَلِمَةَ الْمُنَاسِبَةَ بِجانِبِ الصُّورَةِ الَّتي تَرْبِطُها بِعلاقَةٍ ما :

دُموعٌ   سَمَّاعَةٌ   عُشْبٌ   شَمْعَةٌ

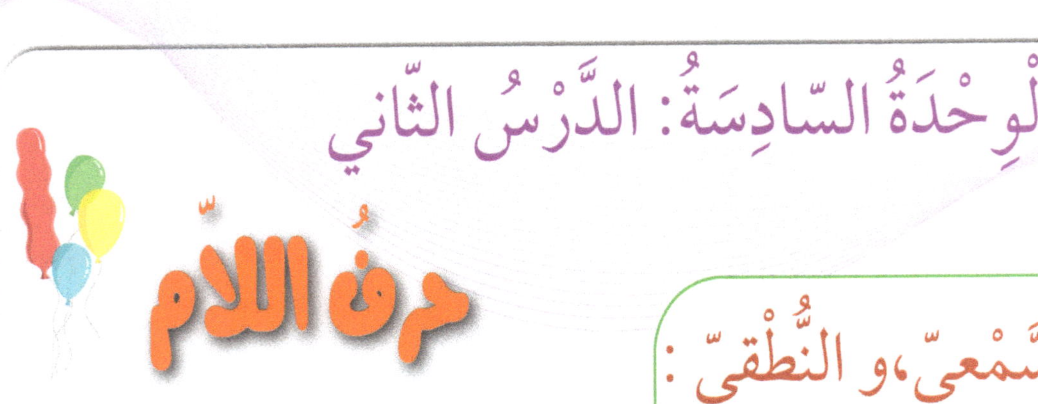

أوَّلًا: التَّذَكُّرُ السَّمعيّ، و النُّطقيّ :

1 أُصغي إِلى الْكَلِماتِ الَّتي يَلْفِظُها الْمُعَلِّمُ وَأُصَفِّقُ عِنْدَ سَماعي صَوْتَ الْحَرْفِ (ل):

| فَرِحَ | الْكُرَةُ | مَرمى | الْمُباراةُ | الْمَلْعَبُ | لَبيبٌ |

2 أُحاوِلُ أَنْ أَقْرَأَ الْكَلِماتِ الآتِيَةَ، وَأَرْسُمُ وَجْهًا باسِمًا عِنْدَما أَسْتطيعُ أَنْ أَقْرَأَ الْكَلِماتِ بِدونِ مُساعَدَةٍ:

| سَلْمى | لَيْلى | لَبيبٌ | سالِمٌ | أَوْلادٌ |

ثانِيًا : التَّذَكُّرُ الْبَصَريّ:

1 أُمَيِّزُ شَكْلَ الْحَرْفِ (ل)، أَنْظُرُ جَيِّدًا لِأَتَعَرَّفَ إِلَيْهِ:

| ل سَجَّلَ | لـ أَوْلادٌ | لـ لَبيبٌ |

2 أَكْتُبُ الْحَرفَ (ل) في الْفَراغِ بِشَكْلِهِ الْمُناسِبِ ثُمَّ أَقْرَأُ :

..بيبٌ   ا..ـهَدَفَ   مُعَـ..مونَ   إِ..ـى

سَجَّ..   الأَوْ..اد   ..اعِبٌ

3 أَسْتَبْدِلُ الْحَرفَ الْمُلَوَّنَ بِالْحَرفِ الْمَوْجودِ تَحْتَ الْكَلِمَةِ لِأَحْصُلَ عَلى كَلِمَةٍ جَديدَةٍ، أَقْرَؤُها وَأُشَكِّلُها ثُمَّ أَنقُلُها في الْفَراغ كَما في الْمِثالِ :

تَناوَلَ	سَليم	سَلاسِل	أَعْلام	سالِم
ز	ع	لِم	ق	ع

تَنازَلَ

4 أُكْمِلُ الْكَلِماتِ الآتِيَةَ بِكِتابَةِ (لا) لِأَحْصُلَ عَلى كَلِمَةٍ، ثُمَّ أَقْرَأُ كَما في الْمِثالِ :

أَوْلادٌ   بِـ...لٌ   تِـ...لٌ   ...عِبٌ   دَ..لٌ

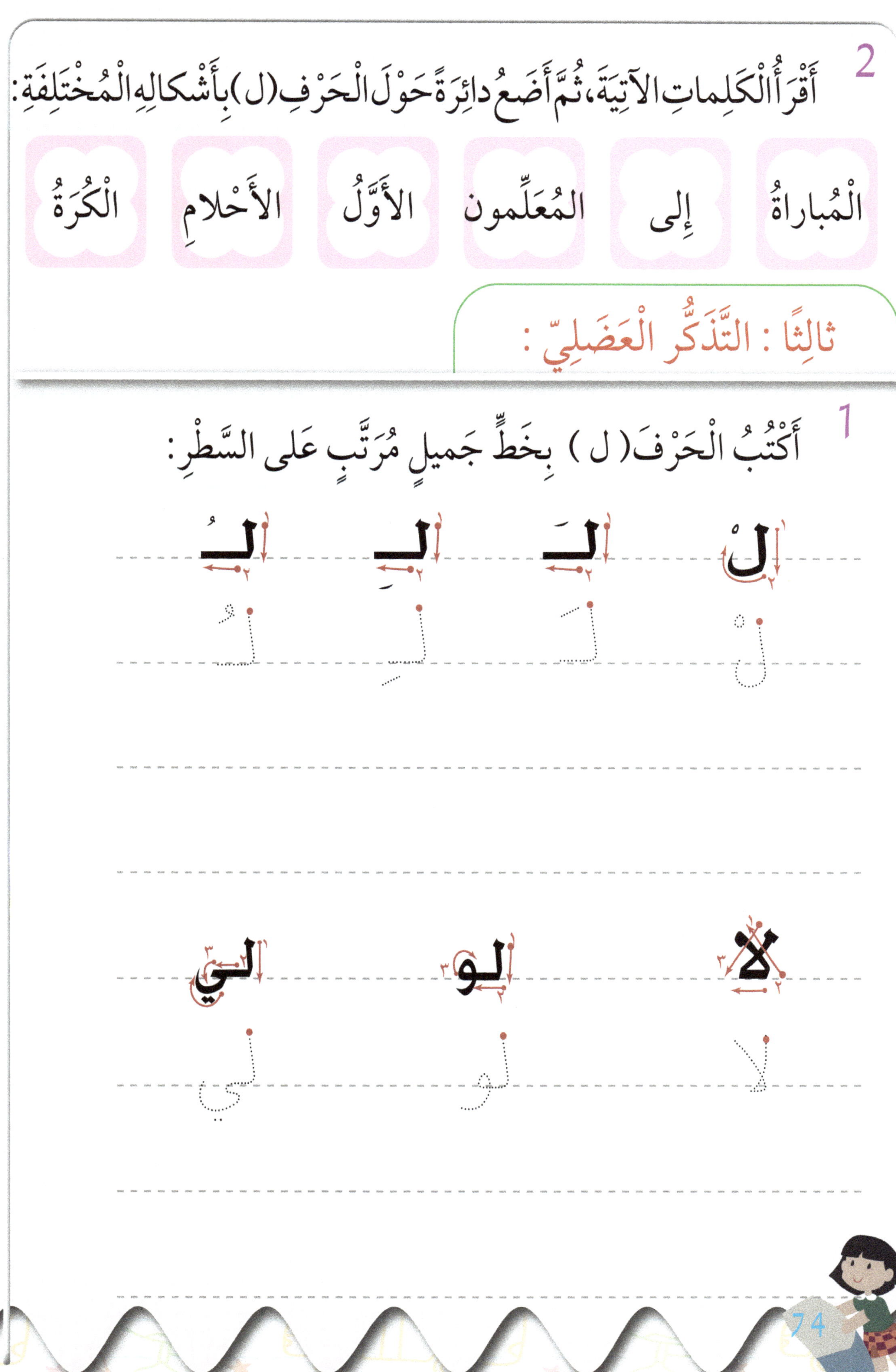

2 أَقْرَأُ الْكَلِماتِ الآتِيَةَ، ثُمَّ أَضَعُ دائِرَةً حَوْلَ الْحَرْفِ (ل) بِأَشْكالِهِ الْمُخْتَلِفَةِ:

الْمُباراةُ   إِلى   الْمُعَلِّمون   الأَوَّلُ   الأَحْلامِ   الْكُرَةُ

ثالِثًا : التَّذَكُّر الْعَضَلِيّ :

1 أَكْتُبُ الْحَرْفَ (ل) بِخَطٍّ جَميلٍ مُرَتَّبٍ عَلى السَّطْرِ:

74

حرف الزاي

أَوَّلًا: التَّذَكُّرُ الصَّوْتِي:

1 أُصْغِي إِلَى الْكَلِمَاتِ الَّتِي يَلْفِظُهَا الْمُعَلِّمُ وَأُصَفِّقُ عِنْدَ سَمَاعِي صَوْتَ الْحَرْفِ (ز):

زَبِيبٌ مَازِنٌ مَزْرَعَةِ ماما زَيْدٌ يَعْزِفُ

2 أُحَاوِلُ أَنْ أَقْرَأَ الْكَلِمَاتِ الآتِيَةَ، وَأَرْسُمُ وَجْهًا بَاسِمًا عِنْدَمَا أَسْتَطِيعُ أَنْ أَقْرَأَ الْكَلِمَاتِ بِدُونِ مُسَاعَدَةٍ:

زُبْدَةٌ زَبِيبٌ زَعْتَرٌ زَيْتٌ

ثَالِثًا: التَّذَكُّرُ الْبَصَرِيَّ:

1 أُمَيِّزُ شَكْلَ الْحَرْفِ (ز)، أَنْظُرُ جَيِّدًا لِأَتَعَرَّفَ إِلَيْهِ:

زِرٌّ مُزَارِعٌ مَوْزٌ

أَقْرَأُ الْكَلِماتِ الْآتِيَةَ، ثُمَّ أَضَعُ دائِرَةً حَوْلَ الْحَرْفِ (ل) بِأَشْكالِهِ الْمُخْتَلِفَةِ، ثُمَّ أَكْتُبُ الشَّكْلَ الْمُتَكَرِّرَ في الْفَراغِ:

الْهَدَف	لَبيبٌ	الْمَلْعَبُ
أَعْلامٌ	ميلادٌ	مَلاعِبُ
مَلْعَبٌ	سَليمٌ	سَلْمى
أَوَّلُ	سَجَّلَ	أَمَلُّ

____

____

____

____

2 أَكْتُبُ الْحَرْفَ (ز) في الْفَراغِ بِشَكْلِهِ الْمُناسِبِ ثُمَّ أَقْرَأُ :

..ـيْتٌ   ...يْتونٌ   ...عْتُرٌ   ما...نٌ   لَو...ٌ   حَ...ـينٌ   مِ...مارٌ

3 أَجِدُ الْعِلاقَةَ بَيْنَ الْكَلِماتِ الْآتِيَةِ وَ الصُّوَرِ الّتي تَليها ثُمَّ أَنْقُلُ الْكَلِمَةَ الْمُناسِبَةَ تَحْتَ الصّورَةِ ذاتِ الْعَلاقَةِ :

زَيْتونٌ   مَوْزٌ   مُزارِعٌ   حَزينٌ

4 أُبَدِّلُ الْحَرْفَ الْمُلَوَّنَ بِحَرْفِ (ز)، وَأُشَكِّلُ لِأَحْصُلَ عَلى كَلِمَةٍ جَديدَةٍ :

بيرٌ   مِسْمارٌ   لَوْنٌ   راوِيَةٌ
ز   ز   ز   ز
                         زير

79

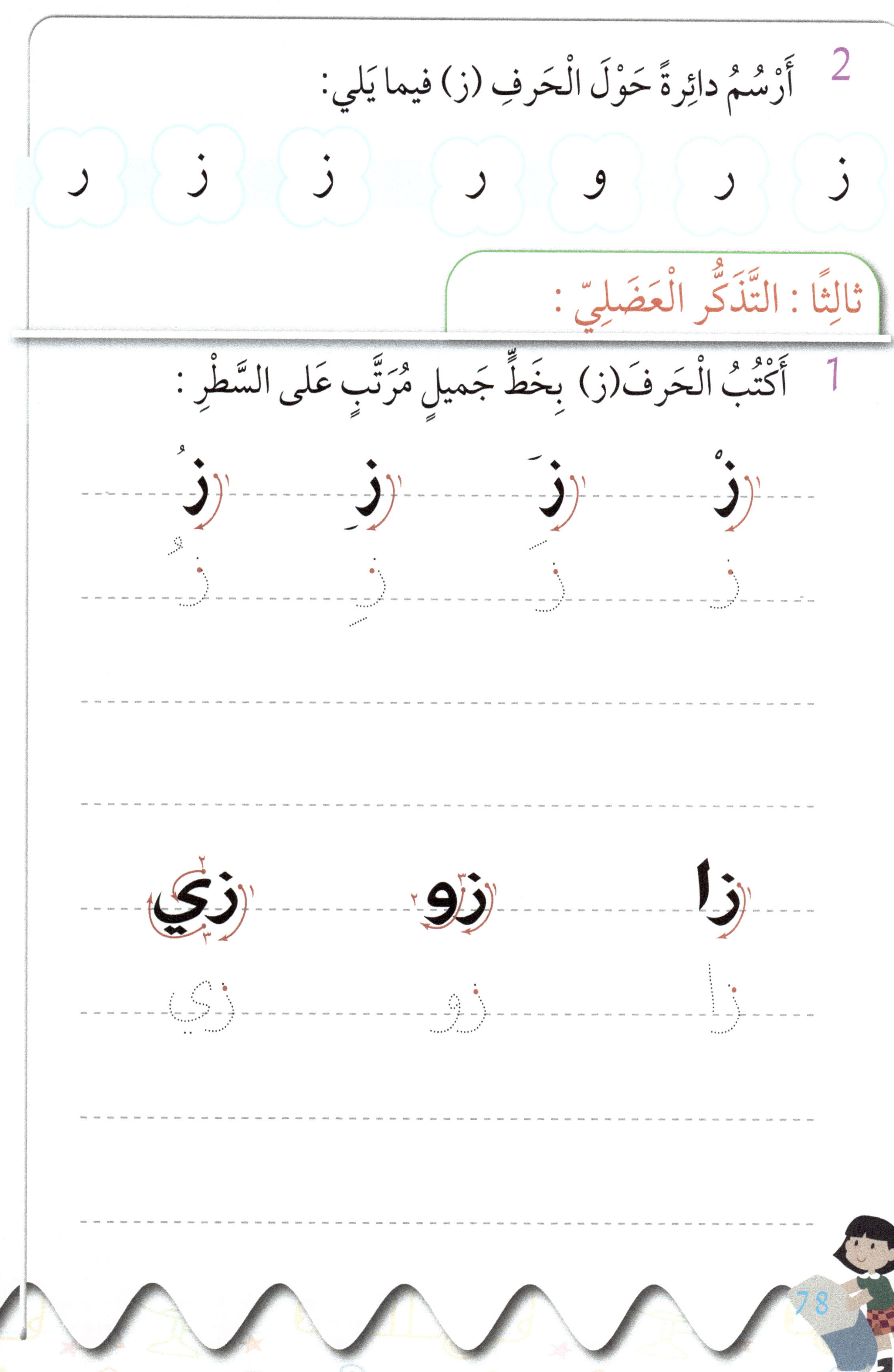

٢   أَرْسُمُ دائِرةً حَوْلَ الْحَرفِ (ز) فيما يَلي :

ز   ر   و   ز   ز   ر   ز

ثالِثًا : التَّذَكُّرُ الْعَضَلِيّ :

١   أَكْتُبُ الْحَرفَ (ز) بِخَطٍّ جَميلٍ مُرَتَّبٍ عَلى السَّطرِ :

زُ   زَ   زِ   زُ

زا   زو   زي

د. فخري طُمَّلِيْه

ذو خبرة طويلة وعميقة في مجال التربية والتّعليم تدريسا وإشرافا وإدارة في مراحلها التعليمية جمعاء. فقد عمل عميدًا لكلية تدريب عمان، خبيرا لإعداد معلمي المرحلة الأساسية الأولى (أنوروا– يونسكو) ومحاضرًا غير متفرغٍ في مركز اللغات في كلّية الآداب الجامعة الأردنيّة. وقد قام أثناء عمله بإعداد الكثير من المواد الدّراسية والبحثيّة منها على سبيل المثال لا الحصر:–

– اللغة العربية مساق 99 منشورات الجامعة الأردنية، فن الرّواية دراسة تطبيقية لرواية رجال في الشّمس لغسان كنفاني.

الأنوروا	– دليل المعلم إلى الألعاب اللغوية و الحركية.
الأنوروا	– دليل المعلّم إلى أساليب تدريس الإملاء والتّعبير.
الأنوروا	– أساليب تدريس اللّغة العربية بأسلوب الْوِحْدَةِ.

– دليل المعلم إلى تعليم وتعلّم مهارات القراءة والتعبير بأسلوب التَّقويم التشخيصي منشورات وزارة التّربية والتّعليم، المديرية العامّة للامتحانات، قسم الاختبارات التشخيصية.

– الإشراف اللّغوي على برنامج المناهل لتعليم اللغة العربية إنتاج التلفزيون الأردني.

– هذا بالإضافة إلى ما كتبه لجامعة القدس المفتوحة في مجالات التربية وأساليب التّدريس.

مدير عام

دار الصّديق للنّشر والتوزيع